Être heureux

POUR LES NULS

Être heureux pour les Nuls

ISBN : 978-2-7540-8442-0
Dépôt légal : mars 2016

Avec la participation de Lisa Marie (suivi éditorial), Fabrice Del Rio Ruiz (mise en page et couverture) et Valérie Gios (correction).
Illustrations © Mathou / Crayon d'Humeur

Imprimé en France

Éditions First, un département d'Édi8
12, avenue d'Italie
75013 Paris – France
Tél. : 01 44 16 09 00
Fax : 01 44 16 09 01
E-mail : firstinfo@efirst.com
Internet : www.pourlesnuls.fr

Être heureux POUR LES NULS

Sonia ZANNAD
Illustrations de Mathou

FIRST
Editions

Sommaire

Introduction

Parce que je suis heureux
Frappe dans tes mains si tu penses que la solution c'est d'être heureux
Parce que je suis heureux

Pharell Williams

Si vous avez ce livre entre les mains, c'est que, comme ce bon vieux Voltaire, et comme Pharell, vous avez décidé d'être heureux, et vous êtes sur la bonne voie ! Commençons par la mauvaise nouvelle : il n'y a évidemment aucune recette toute faite pour trouver le bonheur… mais réjouissez-vous : il existe des principes à connaître, une attitude propice, des astuces à appliquer, des leviers à activer pour vous aider à cultiver la joie au quotidien et à éprouver un bonheur durable. Et bientôt, ces clés n'auront plus de secrets pour vous !

Depuis la fin des années 1990, la « psychologie positive » théorisée par Martin Seligman, s'est considérablement développée, et avec cette science nouvelle sont apparus une infinité de mouvements et d'écoles de développement personnel, ainsi qu'une foule de thérapies qui utilisent ces connaissances toutes fraîches. Pas toujours facile de s'y retrouver dans cette jungle de théories et d'idées… Pourtant, cette science du bonheur se veut accessible, et elle plaide en faveur de résultats rapides et d'exercices faciles à mettre en pratique. C'est justement le pari que fait cet ouvrage !

J'ai décidé d'être heureux parce que c'est bon pour la santé.

Voltaire

Because
i'm HAPPY
clap along if you feel like
that's what you
want to do
D'abord, on
se met en
condition !

À propos de ce livre

Ce guide ludique s'inspire directement des acquis de la psychologie positive et s'appuie sur les dernières recherches en la matière, pour vous proposer simplement, à travers quelques rappels théoriques mais surtout des exercices et des explications accessibles, de mieux comprendre ce qui vous rend heureux. Au fil des pages, vous découvrirez les clés essentielles de votre bonheur – car c'est une notion toute personnelle –, et vous comprendrez ainsi que vous pouvez l'influencer bien plus que vous ne l'imaginez !

J'ai conçu ce livre comme un outil divertissant et instructif qui peut vous donner envie d'aller plus loin, mais son ambition première reste de vous baigner dans un état d'esprit positif, tout en passant un bon moment.

Pour vous lancer, vous aurez besoin de vous installer confortablement, au calme, dans un environnement que vous aimez, armé seulement d'un stylo, de crayons de couleur ou de feutres et de votre bonne humeur… À vous de jouer !

Hypothèses gratuites

Si vous avez ouvert ce livre, c'est sans doute que…

- Vous aimez jouer et vous lancer des défis
- Vous avez envie d'obtenir des clés pour le bonheur sans perdre de temps
- Vous êtes curieux et ouvert d'esprit
- Vous avez envie de faire le point sur votre aptitude à être heureux
- Vous préférez savoir ce qui marche que savoir comment ça marche
- Vous êtes persuadé que parfois ce sont les solutions les plus simples qui sont les plus efficaces

Comment ce livre est organisé

Ce livre a été conçu comme une caisse à outils en sept parties, pour vous aider à comprendre comment construire votre propre bonheur. Il n'y a aucune nécessité de réaliser tous les exercices, ou de lire l'intégralité des textes, pas plus qu'il n'y a un ordre à respecter. C'est à vous de décider quel jeu ou quel exercice vous inspire le plus pour commencer ! Cela dit, il y a une progression logique dans la succession des chapitres, que vous pouvez suivre si vous préférez.

Première partie : J'ai décidé d'être heureux

Il est essentiel de comprendre à quel point le bonheur procède d'une démarche consciente et d'une suite de décisions. En se jetant dans l'action, en étant capable de s'imaginer heureux, on se donne les moyens de l'être.

Deuxième partie : Je pratique la gratitude

Certes, le bonheur relève d'une aspiration individuelle, mais pouvons-nous être heureux sans les autres ? Dans cette partie, vous découvrirez comment le renforcement des liens avec nos proches et la capacité à socialiser alimentent le bonheur.

Troisième partie : Je suis dans mon assiette

Voilà une activité que nous pratiquons sans y penser plusieurs fois par jour. Pourtant, en composant des menus différents, il est possible d'influer sur notre humeur et notre mental !

Quatrième partie : Je bouge pour être heureux

On a beau connaître toutes les astuces et avoir lu tous les livres de développement personnel, il ne faut pas oublier que notre corps comme notre cerveau adorent le mouvement. Vous découvrirez ici comment bouger avec plaisir et renforcer votre motivation sportive.

Cinquième partie : Je fais le vide

Dans une société de consommation saturée de biens et de services où nous absorbons chaque jour de grandes quantités de stress, surgit un besoin nouveau : celui de retrouver de l'espace et du calme. Avec le désencombrement, découvrez comment créer de l'harmonie dans vos lieux de vie et calmer ce petit vélo qui tourne non-stop dans votre tête !

Sixième partie : J'apprends à lâcher prise

Le lâcher prise, qu'il passe par la relaxation, la méditation ou la respiration, ne requiert pas de matériel particulier, et il est à la portée de tous. Dans ce chapitre, vous pourrez entre autres vous initier aux techniques de base de la méditation et comprendre les bienfaits de cette pratique, tout en évaluant à quel point elle peut contribuer à votre bonheur.

Septième partie : La partie des Dix

Ici, vous trouverez des ressources joyeuses, stimulantes, sous forme de listes, pour cultiver votre bonne humeur, comme autant de raccourcis vers le bonheur !

Les icônes utilisées dans ce livre

Cette icône vous invite à tester un exercice ou une pratique.

Cette icône attire votre attention sur les points importants à garder à l'esprit.

Vous trouverez parfois l'explication détaillée d'une technique de psychologie ou de développement personnel.

Conseils, jeux, défis : toute une panoplie de trucs sympas pour aller encore plus loin.

Cette icône vous donne quelques petites astuces, des coups de pouce pour progresser.

Par où commencer

Collez ci-dessous une photo de vous où vous êtes super-heureux, pour ne pas perdre de vue votre objectif !

Mon selfie happy

Il ne faut pas de tout pour faire un monde. Il faut du bonheur et rien d'autre.

Paul Éluard

Première partie

J'ai décidé d'être heureux

Dans cette partie :

- Choisir l'optimisme pour être heureux : le pouvoir de la psychologie positive
- Bilan bonheur
- Passez à l'action
- Le bonheur, c'est ici et maintenant
- Les animaux, des experts en bonheur
- Je m'y vois déjà

J'ai pris ma décision, ça y est, plus de discussion, plus de débat, le BONHEUR c'est POUR MOI !

Le bonheur n'est pas chose aisée. Il est très difficile de le trouver en nous. Il est impossible de le trouver ailleurs.

Bouddha, un jour de pessimisme

Faut-il compter sur le hasard, attendre passivement que le bonheur nous tombe dessus ? La psychologie positive fait le pari inverse : le bonheur, ça se décide et l'optimisme, ça se cultive ! Pour cheminer vers le bonheur, tout commence par une certaine attitude face à la vie, une attitude faite d'optimisme et d'action. Dans ce chapitre, vous comprendrez les fondements de l'optimisme et de la toute jeune psychologie positive, vous trouverez des idées pour développer votre capacité d'action et votre foi en l'avenir, et vous découvrirez l'importance cruciale de l'estime de soi pour vivre heureux.

Choisir l'optimisme pour être heureux : le pouvoir de la psychologie positive

Il était une fois le bonheur

Lorsque Martin Seligman, psychologue et éminent spécialiste de la dépression, a commencé à donner corps à la notion de psychologie positive, à la fin des années 1990, il a fait le constat suivant : la psychologie a d'abord été conçue comme une science de la guérison. Mais n'a-t-elle pas aussi une autre vocation, qui serait d'aider tous les êtres humains à développer leur potentiel, y compris quand ils vont bien ? Le jour où l'une de ses filles lui a reproché de ronchonner sans cesse, Martin a eu la révélation : « La psychologie se concentre sur la réparation des dommages au sein d'un modèle du fonctionnement humain axé sur la maladie. Cette attention presque exclusive vouée à la pathologie néglige l'individu épanoui et la communauté prospère. » C'est ainsi qu'est née l'étude du bonheur, de la créativité et de l'épanouissement.

Cela peut paraître évident, mais c'est important de s'en rappeler régulièrement : votre attitude face aux événements de la vie, face à vos projets, face aux autres ou à votre propre image détermine en grande partie votre perception de la réalité et de l'avenir.

Prenez par exemple ce voisin souriant, toujours prêt à donner un coup de main : non seulement il illumine votre journée par sa présence joyeuse quand vous le croisez dans l'escalier, mais il entretient aussi une ambiance propice à l'entraide et à l'harmonie dans tout l'immeuble, voire dans le quartier… Et en prime, il récolte des sourires matin et soir ! S'il avait une autre attitude, fermée ou hostile, sa journée aurait été totalement différente, et la vôtre aussi.

Po-si-ti-vez !

Vous l'avez compris : la joie est contagieuse et nous avons naturellement les moyens de la susciter et de la partager, le plus simplement du monde, à condition de le vouloir. Et le premier pas vers le bonheur consiste certainement à adopter une attitude optimiste. Autrement dit, au lieu de subir une situation, décider d'agir pour la changer ; au lieu de faire des généralités à partir d'une mauvaise expérience, garder confiance ; au lieu de se croire la victime d'un complot, dédramatiser et nourrir l'espoir que la situation s'arrange. Je vous entends d'ici : « il ne suffit pas de vouloir… », non, en effet ! Ce n'est pas de la magie, mais bien une façon de prendre le réel à bras-le-corps, de se préparer à l'action, dans un certain état d'esprit. C'est surtout un très bon début, et le préalable indispensable à une vie qui tend vers le plus grand bonheur possible.

Il convient donc de vous demander pour commencer **quel optimiste vous êtes !**

Test – Quel optimiste êtes-vous ?

Pour chacune de ces affirmations, choisissez spontanément votre réponse préférée.

Si le début d'un film vous semble moyen…

- ◆ Il a 3 T dans *Très très bon ciné Magazine*, c'est qu'il vaut forcément son pesant de pop-corn.
- ★ Vous vous dites qu'il ne doit pas valoir grand chose.
- ● Vous attendez de voir, la règle c'est de laisser sa chance au produit, non ?

Tiens, cette personne que vous ne connaissez pas vous a souri !

- ★ Elle vous a pris pour quelqu'un d'autre.
- ◆ Quel mojo vous avez, aujourd'hui !
- ● C'est sans doute que vous lui semblez sympa.

Une histoire d'amour sans souffrance…

- ● C'est mieux, mais c'est rare.
- ◆ C'est normal !
- ★ N'est pas digne de ce nom.

Comme dit la chanson :

- ★ « Les histoires d'amour finissent mal, en général. »
- ● « Laisse-moi zoom zoom zang dans ta benz benz benz. »
- ◆ « Et on s'aimera encore même lorsque l'amour sera mort. »

Vous avez manqué d'assurance lors de la dernière réunion :

- ◆ Vous préparez la prochaine, et vous allez cartonner.
- ● Vous cherchez à comprendre pourquoi.
- ★ C'est sans doute que vous n'êtes pas compétent.

Cette semaine, vous accumulez les déboires :

- ● La roue tourne, il suffit d'attendre.
- ★ Vous avez vraiment la poisse !
- ◆ Vous cherchez à vous faire plaisir.

Vous vous êtes terriblement ennuyé(e) à cette soirée…

- ★ Vous n'irez plus jamais dans ce bar !
- ◆ La prochaine fois, vous investirez le *dance floor.*
- ● La prochaine fois, vous partirez plus tôt.

Cette serveuse est super sympa !

- ⬤ C'est chouette les gens qui aiment leur métier.
- ★ Elle veut sûrement un gros pourboire.
- ◆ Elle s'est juste levée du bon pied ce matin.

Vous êtes au restaurant : l'entrée était moyenne…

- ◆ En tout cas, le décor est drôlement agréable.
- ⬤ Vous attendez le dessert pour juger.
- ★ Le plat risque d'être décevant !

Si on ne répond pas à votre candidature pour ce job sympa,

- ★ C'est que vous n'êtes pas à la hauteur.
- ◆ C'est qu'un job plus intéressant vous attend ailleurs.
- ⬤ C'est qu'il faut retravailler votre CV.

Résultats

- ✔ **Une majorité de** ★ = vous êtes un(e) vrai(e) bougon(ne). Avec un changement de « filtre », vous pourrez observer des changements significatifs auxquels votre entourage sera sensible ! Commencez par noter vos pensées négatives et évaluez à quel point elles sont valables. Vous constaterez par vous-même votre capacité à dramatiser.
- ✔ **Une majorité de** ⬤ = vous êtes un(e) super optimiste ! Toujours en quête de bonheur, vous ne manquez jamais une occasion de profiter de la vie et vous avez une bonne estime de vous. Si vous n'avez coché aucun « vrai », méfiance : votre trop grand optimisme peut quand même vous jouer des tours. N'oubliez pas qu'il faut parfois demander de l'aide dans l'adversité et que tous les risques ne sont pas bons à prendre !
- ✔ **Une majorité de** ◆ = votre réalisme vous honore… mais de temps en temps, laissez-vous porter par l'enthousiasme des autres, savourez chaque joie, chaque instant de plénitude. Ce livre vous aidera à développer davantage vos excellentes aptitudes pour le bonheur !

L'optimisme est une forme de courage qui donne confiance aux autres et mène au succès.

Baden Powell

A RETENIR

En résumé, voici tous les super pouvoirs qui s'offrent à l'optimiste :

- Il agit au lieu de subir
- Il stresse moins
- Il relativise les difficultés qui se présentent
- Il se donne des objectifs réalistes
- Il croit en lui et en ses ressources
- Il s'accorde de l'importance et s'estime
- Il sait qu'il peut surmonter les échecs
- Il s'enrichit au contact des autres
- Il ne généralise pas
- Il prend soin de lui
- Il est bienveillant
- Il sait prendre des risques (parfois un peu trop, c'est son seul défaut !)
- Il croit en des lendemains qui chantent
- Il est sympa et agréable à côtoyer
- … et il chemine ainsi vers le bonheur !

BON PLAN

Déconstruire la PVP, la Petite Voix Pessimiste !

Cette petite voix, c'est celle qui vous chuchote à l'oreille que vous n'êtes pas à la hauteur… Apprenez à l'écouter dans un premier temps, pour mieux déconstruire son discours et la remplacer par des affirmations qui vous poussent à l'action !

Pour la reconnaître, c'est facile : elle adore les généralisations, les « toujours » et les « jamais ». Elle sape votre estime de vous, est experte en exagération et son réflexe premier, c'est de vous inciter à tout refuser en bloc, et à avoir peur de votre ombre. Oui, un peu comme votre mère…

ESSAYEZ ÇA

Voici des phrases typiques de la PVP, écrivez en face un exemple récent où elle s'est exprimée ainsi, et faites une contre-proposition optimiste, qui implique une action, pour vous aider à la faire taire à l'avenir, et la remplacer par une action constructive !

- Exemple : « Tu n'y arriveras jamais » :

La semaine dernière, je souhaitais défendre mon opinion au travail lors d'une réunion. Je me suis mis une telle pression que je n'y suis pas arrivé. La prochaine fois, j'interviendrai sur un sujet moins sensible, pour me donner confiance, avant de passer au sujet qui me tient à cœur.

- « Tu seras toujours à la traîne. »

....

- « Tu ne mérites pas ce poste/cette relation/cette récompense. »

....

- « Si tu n'y arrives pas, c'est que tu es nul. »

....

- « Tu n'as jamais eu cette qualité/cette compétence. »

....

- « N'essaye même pas ! »

....

- « C'est complètement raté ! »

....

- « Ça ne vaut même pas la peine que tu demandes. »

....

Il arrive souvent que l'on nous estime à proportion que nous nous estimons nous-mêmes.

Vauvenargues

PAUSE TECHNIQUE

La méthode Coué, comment ça marche ?

Si vous vous surprenez parfois à murmurer « je vais bien, tout va bien », alors que tout part à vau-l'eau, vous êtes sans le savoir un partisan de la méthode Coué. Cette méthode parfois décriée qui est pourtant à l'origine de la psychologie positive a été inventée par Émile Coué, psychologue et pharmacien français souriant et très en avance sur son temps. Dans *La Maîtrise de soi-même par autosuggestion consciente*, publiée en 1926, il expose les fondements de sa théorie, que l'on peut résumer ainsi :

- Nos pensées façonnent en grande partie notre réalité et ont tendance à se transformer en actes. En changeant notre pensée, nous avons donc le pouvoir de changer notre réalité (dans la limite du raisonnable, on ne parle pas de croire aux licornes).
- Contrairement à l'idée reçue, ce n'est pas notre volonté qui nous fait agir, mais notre imagination. S'il nous arrive souvent de faire ce que nous voulons, c'est parce que nous avons imaginé que nous le pouvions.

La phrase fétiche d'Émile Coué était la suivante : « Tous les jours, à tous points de vue, je vais de mieux en mieux. »

ESSAYEZ ÇA

Vous pouvez à votre tour créer vos « autosuggestions » selon la méthode Coué, en fonction de vos besoins et de vos objectifs, et vous répéter ces phrases à voix haute, chaque jour, quand le besoin s'en fait sentir. N'oubliez pas de formuler une phrase positive, à la première personne et au présent ou au futur proche, avec le plus de précisions possibles !
Et si vous avez encore un doute, pensez à l'effet placebo : ces médicaments sans principe actif fonctionnent uniquement grâce à l'imagination de celui qui les prend…

Tous les jours, à tous points de vue, je vais de mieux en mieux.

Bilan bonheur

Les gens sont heureux dans la mesure où ils décident de l'être.

Abraham Lincoln

Comment voulez-vous vivre votre vie ?

Pour accroître votre bonheur, il est indispensable de savoir précisément ce qui vous rend heureux et d'évaluer où vous en êtes de votre épanouissement personnel. En dressant une liste de vos joies quotidiennes, des plus minuscules aux plus bouleversantes, vous allez obtenir une première « photo » de votre bonheur actuel.
Si vous n'avez pas assez de place ici, n'hésitez pas à rédiger cette liste sur plusieurs feuilles.
Une fois cette liste dressée (surtout sans vous censurer), indiquez à quelle fréquence moyenne vous pratiquez ces activités que vous aimez tant.
Ensuite, à vous d'interpréter l'écart observé : si vous faites une fois par an une activité que vous adorez, il est peut-être temps de lui donner plus d'importance ! Pour établir un plan d'action et arriver à vos fins, vous pourrez vous référer à la partie « Passer à l'action » ci-dessous.

Ce qui me rend heureux	Je le fais une fois par jour	Je le fais une fois par semaine	Je le fais une fois par mois	Je le fais une fois par an	Je ne sais plus quand je l'ai fait pour la dernière fois
Au travail					
Le week-end					
Pendant mon temps libre en semaine					
En famille					
En couple					
Quand je suis seul					
Avec mes amis					

Passez à l'action

Une once d'action vaut mieux qu'une tonne de théorie.

Ralph Waldo Emerson

Plein d'entrain et d'optimisme, vous voyez la vie en rose et gambadez, cheveux au vent, prêt(e) à conquérir le monde. La prochaine étape, c'est naturellement de mettre vos projets à exécution, car sans action, l'optimisme ne vaut pas grand-chose !
L'être humain est ainsi fait : nous avons besoin de nous développer, d'avancer, d'éprouver de la satisfaction vis-à-vis de nos accomplissements et de montrer combien nous sommes déterminés et persévérants pour obtenir de la reconnaissance, à commencer par la nôtre. Seulement, nous n'y arrivons pas toujours…

La méthode Smart

Vous avez déterminé avec votre « bilan bonheur » (voir ci-dessus) ce qui vous rend heureux et ce que vous aimeriez faire plus souvent. Il s'agit à présent de préciser vos objectifs, selon une méthode simple et futée – comme son nom l'indique – qui a fait ses preuves, y compris dans le monde du travail : la méthode SMART, qui permet de définir des objectifs et de se donner toutes les chances pour les atteindre.

Je vous entends protester : quel est l'intérêt d'adopter une méthode pour se fixer des objectifs ? Tout le monde sait se donner des objectifs ! Pas si sûr… Prenons un exemple : si je souhaite courir le marathon dans un mois alors que je m'entraîne une fois par semaine, j'ai toutes les chances de me décourager, ou de me faire mal. Et je ne courrai jamais le moindre marathon – alors que j'en suis capable –, tout ça parce que mes objectifs n'étaient ni réalistes ni accessibles.

Autre exemple : j'ai prévu un voyage aux États-Unis l'été prochain, et je me dis que j'aimerais améliorer mon niveau d'anglais : voilà un bien bel objectif, mais beaucoup trop vague pour que j'y parvienne.

Je suis tellement crédible, tellement influent, tellement pertinent que je vais changer les choses.

Kanye West, pas toujours smart

Pour garantir l'efficacité de votre démarche, gardez toujours cette formule en tête : votre objectif doit être SMART :

S comme Spécifique

C'est l'inverse de la « bonne résolution » du 1*er* janvier, vague à souhait, et qu'on oublie au bout de 24 heures : « je vais faire du sport », « je vais arrêter de fumer », « il faudrait que je profite plus de ma famille »... De la précision, que diable ! Préférez des formules du type : « Je vais courir une fois par semaine », « je vais fumer une cigarette en moins tous les jours » ou « je vais appeler ma cousine cette semaine ! ». Ici il importe surtout de vous demander ce qui est important pour vous et quelles sont vos ressources personnelles pour atteindre votre objectif, et si vous pouvez compter sur une aide extérieure. C'est aussi le moment de penser budget si votre objectif engendre des dépenses. Par exemple, « Je vais courir une fois par semaine » peut se préciser ainsi : « Je vais courir une fois par semaine parce que j'ai envie de me sentir plus en forme. J'ai besoin d'un baladeur et d'une paire de baskets, ça va me coûter tant. J'ai déjà les vêtements adéquats. Je vais proposer à Quentin de venir avec moi, histoire qu'on se motive ensemble... »

M comme Mesurable

Voilà une autre clé de réussite. Si vos objectifs ne sont pas mesurables, comment saurez-vous que vous les avez atteints ? J'ai décidé de courir 20 minutes sans m'arrêter : si vous y parvenez, vous serez heureux d'avoir rempli votre objectif, et motivé pour passer à 25 minutes la prochaine fois.

A comme Accessible ou Attractif

Là aussi, c'est une question de bon sens, et malgré nous, notre capacité à croire au père Noël nous aveugle trop souvent (désolée si vous n'étiez pas au courant pour le père Noël). Perdre 10 kilos en un mois, non, ce n'est ni accessible ni attractif. Si vous n'y arrivez pas, vous serez malheureux comme les pierres, alors qu'il aurait suffi d'un objectif moins délirant pour vous mettre sur la bonne voie. Attention d'ailleurs aux sirènes mercantiles de la pub qui jouent bien trop souvent sur cette crédulité (en tout cas sur nos espoirs fous) pour nous vendre du rêve, et surtout du vent. Votre bonheur mérite des fondations solides !

R comme Réaliste

Cette caractéristique est intimement liée à la précédente. Distinguez bien entre vos rêves (qui sont donc de l'ordre... du rêve, hein !) et ce que vous pouvez faire. À trop poursuivre des objectifs irréalistes, on finit d'ailleurs par abîmer sa confiance en soi, et à croire qu'on ne peut pas grand-chose. Au contraire : vous pouvez beaucoup, mais il faut y aller par étapes. Et même par petites étapes, ce qui au bout du compte peut vous mener très loin. TOUT EST POSSIBLE, mais n'oubliez pas la « petite mention en bas de page » : *à condition que vous restiez réaliste et que vous vous montriez patient(e).*

T comme Temporellement défini

En fixant un cadre temporel et une fréquence à vos actions, vous entretenez votre motivation, vous rendez vos progrès visibles et mesurables, et vous pouvez garder des objectifs réalistes. Ce dernier impératif condense donc tous les autres, et vous pouvez même commencer par celui-là ! Combien de temps je me donne pour faire ce premier pas ?

BON PLAN

Le fait d'écrire vos objectifs SMART à la main, oui oui, avec un bon vieux stylo, ajoute à la probabilité de les réaliser : non seulement cela renforce leur mémorisation, mais cela apporte aussi un côté « solennel » à votre engagement vis-à-vis de vous-même, qui peut également jouer sur votre motivation. Mettez toutes les chances de votre côté !

ESSAYEZ ÇA

Écrivez ci-dessous 5 objectifs.

1. ....

En quoi cet objectif est-il Spécifique ? ______

En quoi cet objectif est-il Mesurable ? ______

En quoi cet objectif est-il Accessible ? ______

En quoi cet objectif est-il Réaliste ? ______

En quoi cet objectif est-il Temporellement défini ? ______

2. ....

En quoi cet objectif est-il Spécifique ? ______

En quoi cet objectif est-il Mesurable ? ______

En quoi cet objectif est-il Accessible ? ______

En quoi cet objectif est-il Réaliste ? ______

En quoi cet objectif est-il Temporellement défini ? ______

3. ....

En quoi cet objectif est-il Spécifique ? ______

En quoi cet objectif est-il Mesurable ? ______

En quoi cet objectif est-il Accessible ? ______

En quoi cet objectif est-il Réaliste ? ______

En quoi cet objectif est-il Temporellement défini ? ______

4. ....

En quoi cet objectif est-il Spécifique ? ______

En quoi cet objectif est-il Mesurable ? ______

En quoi cet objectif est-il Accessible ? ______

En quoi cet objectif est-il Réaliste ? ______

En quoi cet objectif est-il Temporellement défini ? ______

5. ....

En quoi cet objectif est-il Spécifique ? ______

En quoi cet objectif est-il Mesurable ? ______

En quoi cet objectif est-il Accessible ? ______

En quoi cet objectif est-il Réaliste ? ______

En quoi cet objectif est-il Temporellement défini ? ______

N'oubliez pas : un objectif évasif est un objectif qui s'évade !

JEU

Parmi ces objectifs, lesquels vous semblent SMART ? Pourquoi ?

Je me défends pas mal au karaoké, je vais m'inscrire à The Voice.

Cette année, j'arrête de fumer.

Cette ambiance tristounette au travail me pèse. À partir de demain, je dis bonjour à tous mes collègues en arrivant.

Et si je courais 30 minutes une fois par semaine ? Le samedi matin, c'est jouable.

Je me sens stressée en ce moment. Je vais méditer 5 minutes par jour.

Je vais m'inscrire à une salle de sport.

Tiens, ça fait longtemps que je n'ai pas vu Sophie. Je vais lui proposer de déjeuner avec moi près de son bureau demain midi.

Il faudrait que j'organise une fête.

Je vais apprendre le japonais.

J'en ai marre des surgelés, je vais faire un bœuf bourguignon ce soir en rentrant du travail.

ESSAYEZ ÇA

Reprenez votre « bilan bonheur » et choisissez trois objectifs prioritaires parmi les actions que vous souhaitez mener prochainement. Formulez pour chaque action un objectif SMART pour mettre le pied à l'étrier et écrivez-le ci-dessous.

Objectif n° 3

J'aimerais ____________________

En quoi est-ce un objectif SMART ? ____________________

Pour y parvenir, je vais ____________________

Objectif n° 2

J'aimerais ____________________

En quoi est-ce un objectif SMART ? ____________________

Pour y parvenir, je vais ____________________

Objectif n° 1

J'aimerais ____________________

En quoi est-ce un objectif SMART ? ____________________

Pour y parvenir, je vais ____________________

Le bonheur, c'est ici et maintenant

Soyez amoureux de votre vie et de chacune de ses minutes.

Jack Kerouac, ce bel illuminé

Le secret du bonheur vient peut-être d'une seule capacité : celle de savoir pleinement vivre au présent. Trop souvent, nous occupons le présent à penser au passé avec nostalgie ou regret, ou bien à envisager l'avenir avec exaltation ou inquiétude. Bien sûr, ce n'est pas facile de s'extraire ainsi du *continuum* temporel, et notre conscience fonctionne naturellement de cette façon. Il existe pourtant des ruses qui permettent de revenir à l'instant présent et de le vivre pleinement.

Vous en faites souvent l'expérience d'ailleurs, de façon involontaire : quand vous êtes captivé par un bon film, par un visage aimé, par un paysage magnifique, ou quand vous êtes absorbé par une tâche passionnante... Le temps n'a alors plus d'importance : il s'étire, il se suspend, il disparaît. Ces états de contemplation et de concentration extrême sont des moments où vous savourez pleinement le présent, sans même y penser.

Dans un livre qui a fait date, *Le Pouvoir du moment présent,* Ekhart Tolle, maître spirituel revenu de loin – à savoir d'une très longue et dangereuse dépression –, raconte qu'il s'est senti libéré le jour où il a compris que nous faisions erreur en fondant la recherche du bonheur sur un état d'insatisfaction ou de manque, nous disant « quand j'aurai ceci ou que je serai libéré de cela, alors je serai bien ». Tout le défi réside à ses yeux dans le fait de vivre bien ici et maintenant, quelle que soit notre situation par ailleurs.

C'est aussi l'enjeu de l'enseignement bouddhiste relayé par les maîtres zen depuis des milliers d'années : faire taire le mental, ce flux incessant de pensées plus ou moins obsessionnelles, pour vivre en harmonie avec le moment présent, c'est-à-dire se sentir pleinement conscient de notre présence dans le monde pour mieux en apprécier la beauté.

Il n'y a que deux façons de vivre sa vie : faire comme si rien n'était un miracle, ou faire comme si tout était un miracle.

Einstein, quand il ne relativisait pas

PAUSE TECHNIQUE

Le flow selon MC

Vous avez peut-être déjà entendu parler de Mihaly Csikszenmihalyi, que nous nommerons pudiquement MC, pour les raisons que vous devinez. Ce célèbre psychologue hongrois qui enseigne aux États-Unis a étudié pendant de longues années le bonheur, la créativité et le bien-être de ses semblables. Il a tiré de ses observations la notion de « flow » (ou « flux » ou encore « expérience optimale » en français) : un état de bonheur intense résultant de la concentration totale dans une activité. Laissons-lui la parole un instant : « C'est ce que ressent le navigateur quand le vent fouette son visage… c'est le sentiment d'un parent au premier sourire de son enfant. » Quand le corps et l'esprit ne font plus qu'un, que nous sommes comme en fusion avec l'expérience que nous vivons, nous baignons dans l'expérience optimale. Et pour cela, pas besoin d'être navigateur ou de faire des enfants : l'expérience optimale est à la portée de tous. Si vous aimez plus que tout faire des gâteaux à la carotte, il y a fort à parier que vous vivez une expérience optimale quand vous confectionnez un gâteau aux carottes. Le but du jeu consiste à multiplier les occasions de vivre ces expériences pour s'épanouir, jour après jour.

Avez-vous fait ce genre d'expérience récemment ? Si c'est le cas, décrivez-les ci-dessous :

Je me sens né à chaque instant à l'éternelle nouveauté du monde.

Fernando Pessoa

Et en VO portugaise, parce que c'est encore plus beau :

Sinto-me nascido a cada momento para a eterna novidade do mundo.

Les animaux, des experts en bonheur

Connaissez-vous cette vidéo Youtube de Casey, la chienne qui s'évanouit de joie en retrouvant sa maîtresse après deux ans d'absence ? Elle a été visionnée 16 millions de fois (et même un peu plus au moment où vous lirez ce livre). Pourquoi une telle popularité ? Parce que c'est drôle certes, mais aussi parce que c'est une leçon incroyable ! Personnellement, je ne me suis jamais évanouie de joie : preuve que les chiens ont beaucoup à nous apprendre en matière de capacité à vivre pleinement l'instant présent. On assimile parfois les manifestations de bonheur des chiens à de la bêtise, pourtant ils ont visiblement un secret de sagesse qui nous échappe, pour trouver ainsi matière à se réjouir à longueur de journée. Il en va de même chez les autres animaux, dont l'observation peut nous apprendre à mieux apprécier ce qui nous entoure, en harmonie avec la nature.

ESSAYEZ ÇA

Leçons animales

Notez ci-dessous quel type d'animal vous semble le mieux correspondre à ces qualités joyeuses, en imaginant des scènes familières :

Exemple – L'enthousiasme : le chien qui fait la fête à son maître de retour du travail

La sensualité

L'estime de soi

Le plaisir de bouger

L'osmose avec la nature

Le calme

La gourmandise

BON PLAN

Pour retrouver la vidéo de Casey, la chienne qui s'évanouit de joie en retrouvant sa maîtresse après deux ans d'absence, je vous suggère de taper « Casey, la chienne qui s'évanouit de joie en retrouvant sa maîtresse après 2 ans d'absence » dans votre moteur de recherche.

Je m'y vois déjà

ESSAYEZ ÇA

La visualisation est un puissant outil utilisé en coaching sportif, en coaching professionnel et en hypnose, que vous pouvez vous aussi employer pour atteindre vos objectifs.

Les recherches en sciences cognitives progressent chaque jour et tendent à prouver que notre cerveau recèle des richesses insoupçonnées, aptes à nous aider à réaliser notre potentiel. L'une d'elles réside dans notre capacité à modifier la réalité grâce à nos représentations mentales, autrement dit grâce à notre imagination. Là encore, point de charlatanisme, il n'est nullement question de magie !

Un petit exemple : juste avant de vous lancer dans une activité, consciemment ou non, vous vous imaginez toujours en train d'agir. Quand je me dis « Je vais me faire un café », j'ai déjà lancé mon imagination vers la machine, la tasse, l'odeur, le goût, la sensation, et donc activé toutes les zones de mon cerveau requises pour exécuter cette tâche avec succès.

Il en va de même pour des projets de plus grande envergure, et il est alors très utile de visualiser notre succès de façon consciente et répétée pour maximiser nos chances de réussite.

Une étude sur l'effet de l'entraînement mental a été menée sur quatre groupes d'athlètes juste avant les jeux Olympiques de New York en 1980.

Le groupe 1 a suivi un entraînement physique à 100 %.

Le groupe 2 a suivi un entraînement physique à 75 % et un entraînement mental à 25 %.

Le groupe 3 a suivi un entraînement physique à 50 % et un entraînement mental à 50 %.

Le groupe 4 a suivi un entraînement physique à 25 % et un entraînement mental à 75 %

Devinez quoi ? Le groupe 4 a eu de meilleurs résultats que le groupe 3, le groupe 3 a été plus performant que le groupe 2, et le groupe 2 a fait mieux que le groupe 1 !

La réalité doit beaucoup à l'imagination.

John Lennon, un pro en la matière

BONHEUR NIVEAU AVANCÉ

La visualisation créative

Au centre de la page, dessinez votre portrait, même grossièrement.

Autour de vous dans les bulles, notez :

- Ce que vous voulez accomplir (exemple : je veux courir le marathon) ;
- Les actions précises à mettre en place (exemple : un entraînement régulier, une alimentation équilibrée, des échauffements, etc.).

Puis installez-vous confortablement, détendez-vous, fermez les yeux et imaginez que vous y êtes arrivé. Par exemple : Vous venez de franchir la ligne, vous avez couru votre premier marathon. Imaginez dans les détails toute la situation. Qu'y a-t-il autour de vous ? Quels sons ? Quelles couleurs ? Comment vous sentez-vous ? Essayez d'évoluer dans ce décor.

Faites cet exercice plusieurs fois par semaine et notez vos progrès vers la réalisation de votre objectif. Observez si votre motivation est modifiée par la visualisation.

Il faut que la volonté imagine trop pour réaliser assez.

Gaston Bachelard

Deuxième partie

Je pratique la gratitude

Dans cette partie :

- Comment montrer votre reconnaissance ?
- Le sourire, c'est contagieux
- Test – Savez-vous pratiquer la gratitude ?
- Être et avoir : Le bonheur et la pyramide de Maslow
- L'attention, une ressource indispensable

tu sais que je t'aime toua ?!

Elle est à toi cette chanson,
Toi l'Auvergnat qui sans façon
M'a donné quatre bouts de bois
Quand dans ma vie il faisait froid.

Brassens, in Chanson pour l'Auvergnat (qui n'est pas aussi radin que ça)

Quoi de plus merveilleux que de savoir que l'on peut compter sur ses proches ? Lorsqu'on se sent entouré, soutenu, lié aux autres, notre sentiment de bonheur se renforce. Or, une personne heureuse attire davantage l'amitié et reçoit volontiers l'amour de ses semblables… C'est un cercle vertueux. Les autres sont une composante indispensable de notre bonheur sur le long terme : voilà pourquoi il est fondamental de savoir reconnaître ce qu'ils nous apportent, et de les remercier souvent.

Comment montrer votre reconnaissance ?

D'après Rebecca Shankland, spécialiste de la psychologie positive, « la reconnaissance est l'un des traits de personnalité les plus fortement corrélés au bien-être subjectif ». En d'autres termes, si vous augmentez votre capacité de reconnaissance, vous augmentez du même coup votre capital bonheur.
Il ne s'agit pas pour autant de vous contenter de penser « je suis reconnaissant(e) envers untel ». Non, car la reconnaissance que vous n'extériorisez pas ne vous sera pas d'une grande utilité. Cette émotion positive ne vaut que si elle est partagée, et répétée le plus souvent possible.
Voici des idées qui vous aideront à EXPRIMER de la gratitude envers autrui !

Dire merci

« Un seul mot, usé, mais qui brille comme une vieille pièce de monnaie : merci ! » disait poétiquement Pablo Neruda. C'est vrai que ce tout petit mot, utilisé avec sincérité, devient un véritable trésor pour celui qui le reçoit, et fait du bien à celui qui le dit. Au-delà des formules de politesse, au moment où je dis « merci », je reconnais à l'autre sa place dans ma vie, je reconnais aussi l'interdépendance et la solidarité des êtres humains, la place fondamentale de la générosité et de la bienveillance pour vivre heureux, ensemble.

Donner

Le fait de donner (offrir un cadeau, aider, ou faire du bénévolat) est un excellent moyen de cultiver le bonheur : rares sont les activités qui donnent plus de sens à la vie. Faire cadeau de quelque chose nous donne aussi une meilleure estime de nous-mêmes et nous rend heureux par ricochet.
Mais rassurez-vous, si vous n'avez pas gagné au Loto, nul besoin d'être riche pour donner : les cadeaux n'impliquent pas forcément une dépense. Il est

possible d'offrir du temps, de l'attention, ou d'envoyer un mot, une chanson qu'on aime, une photo qui évoque un bon souvenir avec l'autre, ou encore de cuisiner un bon petit plat. Les cadeaux achetés – quelle que soit leur valeur –, s'ils sont choisis en pensant vraiment à l'autre, fonctionnent très bien aussi, car ils renforcent la connexion entre celui qui offre et celui qui reçoit, et symbolisent un « sacrifice » de la part de celui qui a dépensé de l'argent. En plus, nous avons toujours plaisir à offrir, guettant avec impatience la réaction de celui ou celle qui ouvre le paquet et esquisse un sourire…

L'économiste Mickaël Mangot va plus loin en affirmant que « les dépenses pour les autres font partie des rares dépenses qui augmentent durablement le bonheur des individus. (…) Dépenser pour soi n'influence le bonheur que de manière très éphémère. »

Et pourtant, si vous faites le compte, je parie que vous dépensez beaucoup plus pour vous-même que pour les autres, en croyant que cela vous rendra heureux…

Quelques idées pour donner

- Faire du bénévolat
- Trier vos affaires et donner les vêtements que vous ne portez plus à une association
- Pratiquer le « café suspendu », c'est-à-dire avancer le prix d'un café pour une personne qui n'a pas les moyens et qui pourra en profiter quand bon lui semble
- Adhérer à une association caritative
- Passer voir votre voisine âgée de temps à autre
- Aider quelqu'un qui est en difficulté dans la rue ou dans les transports
- Prêter ou donner vos livres une fois que vous les avez lus

La générosité n'a pas de limites, à part celles que vous lui fixez !

Le bonheur est une conséquence de l'altruisme.

Mathieu Ricard, à l'heure de l'apéro

La lettre de remerciement

Outil aussi classique que puissant du coaching, la lettre de remerciement fait autant de bien à celui qui l'écrit qu'à celui qui la reçoit, tout en renforçant le lien qui unit les deux protagonistes. C'est une élève de Martin Seligman qui en a lancé l'idée et en a observé les effets.
Pour commencer, pensez à une personne qui compte énormément dans votre vie (ou qui a compté), et qui est toujours en vie. Concentrez-vous et tentez vraiment de la visualiser, et de vous remémorer des moments en sa compagnie. Demandez-vous ensuite ce que cette personne vous a apporté. À quel niveau ? De quelle façon ? À quel(s) moment(s) ? En somme, pourquoi avez-vous envie de la remercier aujourd'hui ?
Il est temps de rédiger votre lettre. Choisissez les mots avec soin, prenez le temps de la composer avec amour, avec respect. Adressez-vous à votre destinataire en citant souvent son nom. Noircissez au minimum une page. Une fois votre lettre finalisée, plusieurs options s'offrent à vous :

- Option paresseuse avec bénéfice minimal : envoyer la lettre (par courrier, c'est mieux : elle se distinguera ainsi du flot de mails quotidiens).
- Option courageuse avec bénéfice maximal : appeler la personne ou la rencontrer pour lui lire votre lettre à voix haute – sans lui dire que c'est ce que vous allez faire : la surprise ajoute encore à l'émotion. Je vous préviens, tout le monde va pleurer, mais l'effet sera décuplé…

Vous pouvez écrire autant de lettres que vous le souhaitez, naturellement. D'ailleurs, si vous le faites une fois, je suis prête à parier que vous aurez envie de recommencer !

BON PLAN

Rien ne vous empêche d'écrire *aussi* des lettres à des personnes qui ne sont plus de ce monde si vous n'avez pas eu l'occasion de le faire de leur vivant, ou encore à des personnes « inaccessibles » que vous admirez – Chuck Norris, Beyoncé, Clint Eastwood, Cachou –, sans compter les personnages de fiction qui vous ont peut-être influencé(e). Cela renforcera le sens que vous donnez à votre histoire personnelle et à votre identité, en lien avec ce qui nourrit votre imaginaire. Et n'oubliez pas : le plus important, c'est de témoigner concrètement votre reconnaissance, y compris quand le destinataire n'est pas en mesure de recevoir votre message ! Pourquoi ne pas lire cette « déclaration » à votre meilleur(e) amie(e), ou à tout autre proche ?

La cérémonie des Oscars

Tel un acteur qui vient de recevoir un Oscar, il est temps de dresser la liste de vos bienfaiteurs. Dans cet espace, écrivez le nom de tous ceux et toutes celles qui ont contribué à votre bonheur jusqu'à présent. Vous pourrez puiser dans cette liste pour écrire de futures lettres de remerciement.

Ma liste de bienfaiteurs

Le savoir offrir

Notez ici le nom de cinq de vos proches :

1. ....
2. ....
3. ....
4. ....
5. ....

Pour chacun d'entre eux, écrivez ce que vous pourriez leur offrir en fonction de leurs goûts : un jeu ? un resto ? de la musique ? un livre ? C'est à vous !

Donnez, donnez, donnez
Donnez, donnez-moi
Donnez, donnez, donnez...

Enrico Macias, Le Mendiant de l'amour

Le savoir aider

Même type d'exercice, notez ici le nom de cinq de vos proches :

1. ....
2. ....
3. ....
4. ....
5. ....

Pour chacun d'entre eux, indiquez comment vous pourriez les aider en fonction de leurs besoins actuels. Un coup de main pour repeindre la cuisine ? Pour écrire une dissert' ? Pour chercher un vol sur Internet ? C'est à vous !

Le sourire, c'est contagieux

Le sourire est la langue universelle de la bonté.

William Arthur Ward

Le sourire, ce retroussement bizarre de la bouche vers le haut, cette ouverture des traits du visage, est une mimique innée propre aux êtres humains. Dès 5 semaines, les nouveau-nés s'entraînent dans leur sommeil en souriant « aux anges », et ils expérimentent aussi leurs premiers sourires éveillés, sous le regard attendri des adultes, qui leur répondent… en souriant. Cette façon simple de manifester notre bien-être et de se connecter aux autres jalonne ensuite toute notre vie sociale et nous savons d'instinct reconnaître un sourire poli, forcé, d'un sourire véritable. Or, dans notre société compétitive, stressée et hyperconnectée, qui encourage l'individualisme, le sourire semble surtout promu par la publicité, dans des impératifs de séduction facile. Le sourire sincère, gratuit, bienveillant, profondément altruiste ne trouve pas toujours sa place… Spontané pour les tout-petits, le sourire se teinte ensuite de complexité et il s'agit pour les adultes que nous sommes de retrouver un peu de cet Eden édenté !

ESSAYEZ ÇA

Bilan sourires

Notez ici les sourires que vous avez reçus aujourd'hui. Dans quelles circonstances ? Y avez-vous répondu ? De quel genre de sourires s'agissait-il ? Comment vous sentiez-vous quand on vous a souri ?

Le sourire est aussi arme de rebelle : il est le sésame des voyages, du commerce, de la convivialité, et il peut galvaniser le courage.

Mouna Ayoub

Défi sourires

Après avoir noté ainsi les sourires reçus pendant quelques jours, passez à l'étape supérieure : essayez de sourire ou de parler à un inconnu chaque jour, même timidement, sans avoir peur de passer pour un hurluberlu ! Notez ensuite vos impressions : a-t-on répondu à votre sourire, à votre question ou votre réflexion ? Comment vous sentiez-vous quand vous avez souri à cet inconnu ? Et quand il vous a souri à son tour ?

Essayez d'abord de sourire aux enfants que vous croisez dans la rue et dans les transports, ils sont beaucoup moins intimidés par le sourire des inconnus et y répondent presque systématiquement ! Attention : si vous avez adopté un look gothique, cette astuce risque de ne pas fonctionner. Quant à engager la conversation, c'est plus facile dans les « temps morts » : parlez de la pluie et du beau temps en faisant la queue à la boulangerie ou dans l'ascenseur. Au début, cela vous semblera bizarre, puis vous gagnerez en confiance !

On est récompensé par un sourire, on est animé par un sourire.

Antoine de Saint-Exupéry, petit prince de la bonté

Le sourire intérieur

Le sourire intérieur nous vient de la sagesse taoïste (le Tao est l'un des piliers ancestraux de la sagesse chinoise) : avec ce petit exercice de méditation, vous veillez sur votre santé et votre bonheur en prenant conscience de vos organes vitaux, et en apprenant à les respecter.

Avant tout, installez-vous confortablement, assis, le dos droit, les mains posées sur les genoux, les jambes légèrement écartées.
Commencez par une série de 5 inspirations et expirations lentes.
Fermez les yeux.
Esquissez un sourire et sentez comme votre visage se détend, de même que votre langue, votre mâchoire…
Imaginez que ce sourire descend le long de votre cou pour investir vos poumons, accompagnant votre souffle détendu.
Vos poumons sont parfaitement détendus, à tel point qu'ils sourient, arrivez-vous à imaginer cela ?
Procédez de même avec votre cœur, votre foie, votre rate, votre pancréas, vos reins, votre système digestif et vos organes sexuels, en prenant bien le temps de ressentir l'effet positif de cette visualisation.

Comment vous sentez-vous au terme de cette méditation ?

Votre inventaire de sourires

Notez ci-dessous quels sont vos sourires préférés parmi ceux des personnes qui vous entourent au quotidien.

....

....

....

....

....

....

....

Dans tout sourire il y a de l'enfance. C'est un oubli et un recommencement.

Alain

Mon dîner idéal

Vous êtes-vous déjà prêté à ce jeu ? Il consiste à imaginer les invités de votre dîner idéal. Vous avez droit à tout : personnages fictifs, personnes que vous connaissez, ou que vous n'avez jamais rencontrées, vivantes ou trépassées. Imaginez une belle table, pourquoi pas en été, dans une clairière, avec quelques lampions. Les oiseaux chantent, le barbecue grésille et vos invités commencent à s'installer. En plus de vous, qui présidez à cette belle assemblée, il y a huit places, pas une de plus… Qui seraient vos invités ?

....

....

....

....

....

....

....

Voici un parfait exemple du pouvoir de l'imagination. Maintenant que vous êtes installé à table avec ces personnes que vous aimez ou que vous admirez. Que vous ont-elles apporté ? Observez leurs points communs. Qu'est-ce que cette assemblée dit de vous et de vos aspirations ? Sont-elles comblées par votre vie actuelle ? Et si ce n'est pas le cas, comment pouvez-vous y remédier, dès maintenant, par une toute petite action ?

Test – Savez-vous pratiquer la gratitude ?

Merci à l'Université de Berkeley dont l'un des tests en ligne a inspiré celui-ci !

Je me couche le soir, je me dis…

- ★ Merci la vie pour cette journée.
- ◆ Tout ce que j'ai eu aujourd'hui, je suis allé le chercher avec les dents !
- ● Encore une grosse journée dans mes pattes bien fatiguées.

Quand j'examine ce que j'ai accompli dans la vie…

- ◆ Franchement, je trouve que je mérite mieux.
- ● Je m'en sors bien, mais on m'a mis des bâtons dans les roues !
- ★ Il m'arrive de penser à des moments où ça n'allait pas bien pour constater combien ça va mieux aujourd'hui.

Quand je me compare aux autres…

- ● Je me dis que c'est toujours les mêmes qui raflent la mise.
- ★ Je me dis que j'ai vraiment du bol.
- ◆ Je trouve que j'obtiens rarement ce que je veux.

Quand j'envisage ma situation matérielle…

- ◆ J'ai l'impression d'avoir tout ce qu'il faut, mais je ne peux pas m'empêcher d'en vouloir toujours plus.
- ★ Je me dis souvent que j'ai de la chance d'être en sécurité, d'avoir un toit au-dessus de la tête, de quoi me nourrir et m'habiller.
- ● Je me demande quand je pourrai me faire vraiment plaisir et m'acheter tout ce qui me fait envie.

Aujourd'hui…

- ★ Je suis vraiment attentif aux bonnes choses qui m'arrivent.
- ● J'attends qu'il se passe quelque chose de sympa.
- ◆ Je regrette qu'il ne m'arrive jamais rien de bien.

Je suis témoin d'un accident…

- ● Je ne fais pas vraiment attention, j'ai autre chose à faire.
- ◆ Je me dis qu'à une minute près, c'est moi qui y passais.
- ★ Je me sens très soulagé et reconnaissant d'être en vie.

Quand je suis en forme…

- ★ Je me sens profondément reconnaissant pour la bonne santé dont je jouis.
- ◆ Je trouve que c'est la moindre des choses.
- ● Je n'ai pas vraiment le temps d'y penser, je profite à fond !

Quand je suis dans la nature…

- ● J'ai besoin d'une plage de sable fin ou d'une cascade pour être impressionné(e).
- ★ Il m'arrive souvent d'être frappé(e) par sa beauté.
- ♦ Je ne coupe pas mon portable pour autant !

Résultats

Une majorité de ★ = vous êtes de ceux qui reconnaissent leur chance et notent la plupart des bonnes choses qui leur arrivent. On vous traite volontiers de Bisounours, mais qu'importe ! Cette capacité à pratiquer la gratitude fait de vous une personne capable de se satisfaire de peu, qui ne compte pas sur les aspects matériels pour être heureux et qui s'aime assez pour se faire du bien. Continuez à envoyer des cœurs à la ronde !

Une majorité de ● = votre état d'esprit est un peu en demi-teinte, et vous avez besoin d'y voir plus clair. Commencez par lister ceux de vos besoins qui sont couverts, pour comprendre à quel niveau vous n'êtes pas satisfait (voir la pyramide de Maslow, page 49). Votre tendance à vous comparer sans cesse aux autres vous empêche parfois de vivre à fond.

Une majorité de ♦ = non, la vie n'est pas toujours facile, mais votre petit côté Calimero ne vous aide pas à avancer. Il est temps de reconnaître que vous aussi, vous avez parfois de la chance et d'apprendre à observer ce qui est beau autour de vous. Méfiez-vous aussi de votre capacité à mettre la barre trop haut !

Être et avoir : Le bonheur et la pyramide de Maslow

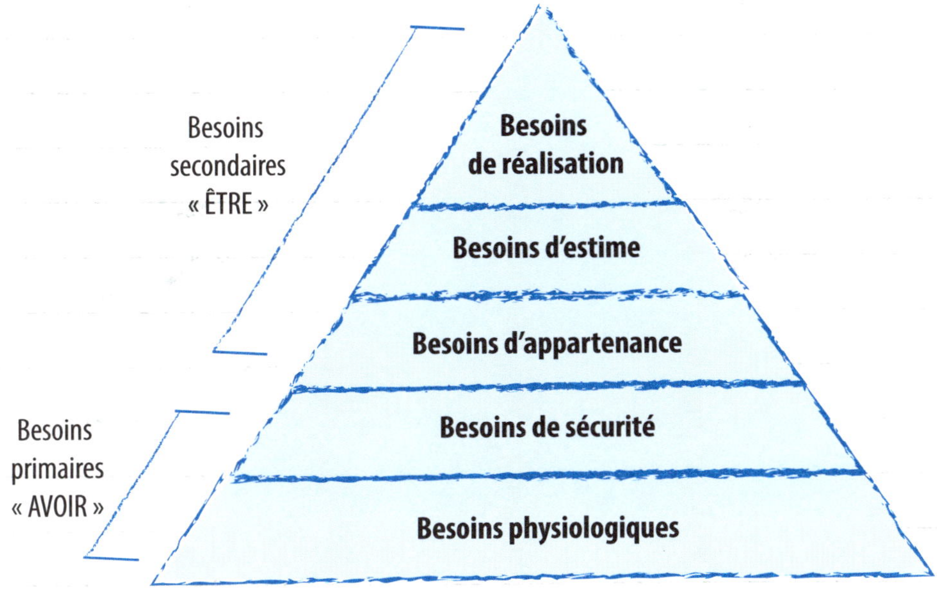

LA PYRAMIDE DES BESOINS SELON MASLOW

Bien qu'un plaisantin se soit amusé à ajouter « WIFI » à la base de la pyramide, sur une blague qui circule… en ligne, cet outil permet de distinguer schématiquement les différentes catégories de besoins et leur importance relative. N'est-ce pas en apportant des réponses personnalisées à chacun de ces besoins ou désirs que l'on que l'on augmente son bien-être et que l'on tend vers le bonheur ?

Votre pyramide

Prenez le temps d'observer lesquels de ces besoins ont le plus d'importance pour vous, et dans quelle mesure ils sont satisfaits.
Puis dessinez votre propre pyramide ci-dessous, en détaillant pour chaque « étage » ce qui est indispensable à votre bonheur. La hiérarchie est peut-être différente pour vous. Comparez ensuite dans votre pyramide ce qui relève de l'« être » et de l'« avoir » pour comprendre ce dont vous *avez* vraiment besoin pour *être* heureux.

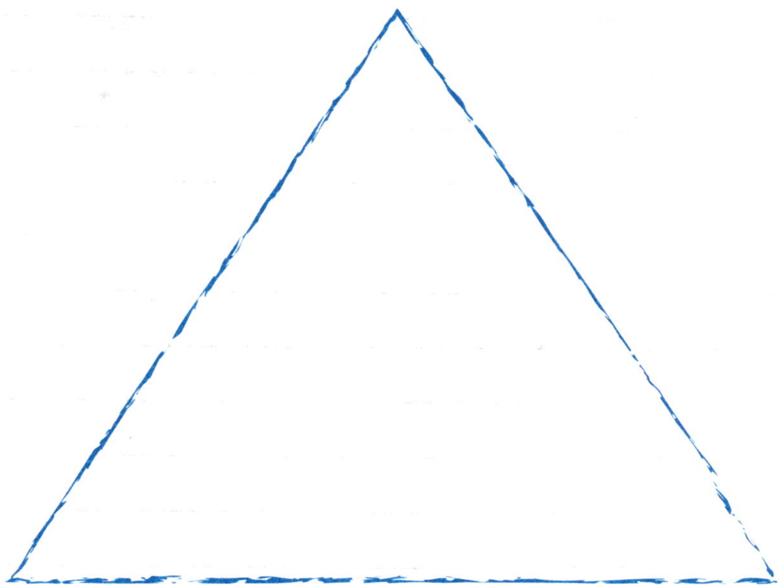

Ma liste de gratitude

Voici un petit aide-mémoire de tout ce que vous pouvez faire pour les autres au quotidien.
Amusez-vous à repérer ce que vous faites déjà, et essayez le reste !
N'hésitez pas à compléter cette liste avec vos propres idées.

Pour les gens qui vous aiment

Dites-leur ce qu'ils ont fait pour vous.

Ayez une petite attention pour eux, comme les aider à nettoyer après le dîner ou après la fête.

Rappelez-leur qu'ils peuvent vous parler de ce qu'ils veulent, que vous êtes disponible.

Donnez-leur quelque chose qui vous appartient en leur expliquant pourquoi vous aviez envie de leur donner.

Encouragez-les à faire quelque chose qui les effraie, en les accompagnant.

Complimentez-les sur une de leurs qualités ou l'un de leurs talents que vous admirez sincèrement

Pour les gens qui vous « bousculent »

Essayez de les écouter attentivement jusqu'au bout, sans préparer mentalement vos contre-arguments.

Remerciez-les de vous aider à voir les choses différemment.

Dites-leur que vous appréciez leur façon de vous challenger sans vous agresser – à condition qu'ils ne soient pas agressifs, bien sûr.

S'ils vous ont incité à sortir de votre zone de confort, dites-leur que vous avez pris des risques grâce à eux.

Pour les commerçants, les serveurs ou les hôteliers

Souriez-leur.

Accordez-leur un pourboire généreux.

Laissez un mot sur Tripadvisor (ou autre) pour les complimenter.

Si vous connaissez bien ce serveur (cette serveuse), complimentez-le (ou la) sur quelque chose que vous appréciez dans son service.

Soyez patient.

Informez leur supérieur que vous êtes très satisfait du service.

Pour les gens avec qui vous travaillez

Soyez la personne qui garde son calme dans une situation stressante.

Offrez de rapporter un sandwich pour le déjeuner si la personne est visiblement débordée.

Écoutez-les avec attention s'ils ont une journée difficile.

Informez vos supérieurs de votre satisfaction à travailler avec untel ou unetelle.

Proposez votre aide.

Questionnez-les à propos de leur vie en dehors du travail.

Ma grand-mère Bleuette, qui vivait à la campagne, avait une habitude toute simple mais très belle : garder les miettes de pain pour les oiseaux. Après chaque repas, je l'observais rassembler calmement les miettes parsemées sur la table dans une petite boîte, avant de la déposer dans sa cour. À mes yeux d'enfant, cela représentait une façon aussi humble que généreuse de remercier les oiseaux qu'elle aimait tant, et de profiter de leur chant… reconnaissant !

Pour vous-même

Écrivez-vous (et envoyez-vous) une lettre d'amour.

Offrez-vous un moment de solitude.

Offrez-vous un massage ou tout autre soin qui vous fait du bien.

Prenez le temps de faire quelque chose qui vous passionne.

Acceptez les compliments avec enthousiasme.

Soyez sympa envers vous-mêmes, quelles que soient les circonstances.

Faites une liste de vos derniers exploits personnels.

L'attention, une ressource indispensable

Notre addiction de plus en plus forte aux écrans en général et à celui du téléphone mobile en particulier – qui nous offre il est vrai une série de services précieux - n'est pas sans conséquences psychologiques et affectives.
Avez-vous envie de raconter des choses personnelles ou de vous lancer dans une conversation philosophique avec un ami qui garde son téléphone à portée de main, potentiellement happé à tout instant par une information ou une sollicitation extérieure ? Pas vraiment… Et pourtant nous sommes de plus en plus fortement incités à nous comporter ainsi. Mais il se trouve que l'empathie, cette capacité à se mettre à la place de l'autre pour mieux partager ses ressentis, condition essentielle d'un véritable échange, ne peut s'éveiller qu'à la faveur d'une attention forte, d'une véritable présence à l'autre.

Une récente étude menée par Sherry Turkle, chercheuse sciences sociales au MIT, prouve que quand deux personnes discutent, la simple présence d'un téléphone posé sur la table, ou simplement à portée de vue, change la nature de la conversation et le degré de connexion ressenti par les personnes. Elles choisissent inconsciemment des sujets suffisamment superficiels pour supporter une interruption, et ne s'investissent pas pleinement à la conversation. C'est fou, mais c'est vrai : même un téléphone silencieux nuit à l'attention que nous nous portons !

ESSAYEZ ÇA

Exercices pratiques pour cultiver l'attention

- Éteignez votre téléphone quand vous voyez un (ou des) ami(s).
- Laissez votre téléphone à la maison de temps en temps.
- Au restaurant, jouez à « le premier qui regarde son téléphone paye l'addition ».
- Alternez sorties en groupe et tête-à-tête.
- Entraînez-vous à ne pas anticiper ce que va dire votre interlocuteur, à ne pas finir ses phrases (même mentalement).
- Si vous n'êtes pas vraiment disponible ou trop préoccupé, décalez votre rendez-vous (physique ou téléphonique).
- N'ayez pas peur des silences dans la conversation.
- Évitez de conseiller systématiquement : ce n'est pas forcément pour vous demander conseil que l'on se confie à vous, mais peut-être simplement pour être entendu.
- Évitez d'interrompre votre interlocuteur à tout bout de champ.
- Ne ramenez pas systématiquement la conversation à vous

Il est stupéfiant de voir que des problèmes qui paraissent impossibles à résoudre deviennent solubles lorsque quelqu'un nous entend.

Carl Rogers

To hug or not to hug?

Merci à Gisèle B. de m'avoir rappelé l'importance du hug…

Bien que notre société soit fortement américanisée, le « hug » rencontre une forte résistance en France. Cette façon de serrer dans ses bras ses amis, ses collègues, ou même quelqu'un que l'on vient de rencontrer relève dans notre culture d'un geste souvent jugé trop intime ; tandis que pour les Américains, faire la bise apparaît complètement déplacé ! Pourtant, les vertus du *hug* – ou câlin, si vous préférez – sont largement démontrées. Selon l'American Psychosomatic Society, un bref câlin échangé avec son partenaire diminue autant le stress que 10 minutes à se tenir la main et fait baisser la tension artérielle, tandis que le taux d'endorphines grimpe en flèche chez les « parties prenantes ». Si vous êtes réfractaire au « hug », pensez aux massages, qui procurent les mêmes effets. Et si vous êtes réfractaire aux massages… mangez du chocolat !

Je t'aime toi,
prends soin
de toi, ne sois
pas trop dure
avec toi-même ok?

Un jeu entre amis ou en famille : le jeu des post-it

Ce jeu contribue à renforcer l'estime de soi et aussi la gratitude envers nos propres capacités, tout en reconnaissant les qualités des autres.

Matériel : quelques stylos, un gros paquet de post-it (vous pouvez varier les couleurs) et une bonne dose de bonne humeur !

Participants : de 3 à 6 joueurs

Un premier participant raconte une anecdote récente, au cours de laquelle il a accompli quelque chose dont il est fier.
Les autres écoutent très attentivement et notent au fil du récit de quelles qualités a témoigné la personne qui raconte au cours de cet épisode.
Par exemple, si je raconte que j'ai réussi à obtenir une augmentation au travail en insistant auprès de mon DRH, l'un des auditeurs peut noter « Persévérante » sur un post-it.
Le but du jeu est de multiplier les adjectifs qualificatifs, en étant le plus précis possible.
Au fil du récit, tout le monde couvre l'orateur de post-it, qui les découvre à la fin et en lit le contenu. Il peut ensuite les garder et les consulter en cas de « coup de mou » !

Notez ci-dessous les adjectifs qui vous ont été attribués lors de ce jeu.

Troisième partie

Je suis dans mon assiette !

Dans cette partie :

- Introduction aux plaisirs de la table
- Ce que dit la science
- Les aliments du bonheur
- Ce que dit le bon sens
- Prendre plaisir à manger

BAH QUOI?
C'est bourré de flavonoïdes et d'antioxydants!
MARSHMALLOW

Il n'est de bons repas que ceux qu'appétit assaisonne.

Antoine-Louis le Brun

Voilà un acte *a priori* tout ce qu'il y a de plus banal et répétitif, indispensable pour préserver notre énergie et entretenir notre santé : manger. Mais la table est aussi associée à nos souvenirs, nos émotions, notre humeur… et nos habitudes alimentaires reflètent bien souvent un mode de vie plus ou moins choisi. En jouant sur ce que nous mangeons et sur la façon dont nous mangeons, il est possible de cultiver l'appétit de vivre et le désir de se faire du bien. Explorons ensemble les recettes du bonheur !

Introduction aux plaisirs de la table

La faim homéostatique

La faim homéostatique nous vient de Cro-Magnon, c'est elle qui nous permet de survivre ; à ceci près que nous n'avons plus besoin de chasser pour nous rassasier… Elle permet au corps de fonctionner et de trouver son équilibre énergétique. C'est cette faim que nous ressentons quand notre ventre gargouille avec insistance, et qu'on se dit : « j'ai la dalle ! ».
Bien sûr, les besoins physiologiques diffèrent en fonction de l'âge, du sexe et des habitudes de chacun : un grand sportif a – *a priori* – un plus gros appétit qu'une personne qui reste derrière son bureau toute la journée. Nous mangeons pour vivre, et nous adaptons nos repas à nos rythmes de vie et à nos activités, autrement dit à nos besoins énergétiques. Mais parfois, cette régulation est mise à mal par des excès ou des régimes, et il devient plus difficile d'écouter les signaux de notre corps : la faim, la satiété, la satisfaction…

La faim hédonique

C'est parce qu'un autre type de faim vient perturber ces signaux et leur bonne interprétation : la faim hédonique. Cette faim-là se traduit par une irrésistible envie de manger, sans rapport avec le moindre besoin. La société d'abondance et de surconsommation dans laquelle nous vivons titille sans cesse la faim hédonique, qui active les centres de récompense du cerveau, comme le ferait une drogue ou… le sexe. Et bizarrement, cette faim-là nous pousse plutôt vers des aliments gras et sucrés que vers une botte de radis. Vous êtes-vous déjà dit « J'ai envie de me jeter sur cette courgette ? » Moi non plus.

Mais quel rapport avec la choucroute, me direz-vous ? Manger invite tous nos sens à la fête : l'odorat, le goût, le toucher, la vue et l'ouïe. C'est donc un acte complet et formidablement sensuel, susceptible d'influencer notre humeur. En apprenant à manger mieux, à manger en conscience, vous serez plus heureux et mieux dans votre assiette. En veillant sur vos sensations de faim et en donnant à votre organisme ce dont il a besoin – ni trop, ni trop peu –, et surtout, en comprenant comment vous faire plaisir en mangeant, vous vous sentirez mieux, en accord avec vous-même, et plein d'énergie. Il s'agit ni plus ni moins de ménager la chèvre et le chou, la faim homéostatique et la faim hédonique.

ESSAYEZ ÇA

Avez-vous cédé à la faim hédonique aujourd'hui ? Si oui, pour quel aliment avez-vous craqué ? Quelles sensations avez-vous ressenti en le consommant ? Et après ?
Essayez de distinguer ces deux faims et notez les sensations qui y sont associées pendant toute une semaine. Devenir conscient de ces différentes façons de vous alimenter vous aidera à les équilibrer, au besoin.

	Faim homéostatique	**Faim hédonique**
Lundi		
Mardi		
Mercredi		
Jeudi		
Vendredi		
Samedi		
Dimanche		

La table et le lien social

Dans toutes les cultures, le repas est un prétexte idéal pour créer et renforcer le lien social, en famille ou entre amis. C'est un moment de détente, de partage, où la parole reprend ses droits, et où les aliments se mêlent aux émotions. La convivialité de la table reste irremplaçable. À la table de notre enfance, nous nous nourrissions aussi d'amour, d'écoute et de transmission : devenus adultes, nous vivons toujours les repas partagés comme des moments rituels qui scandent notre vie sociale.

La gourmandise est un des principaux liens de la société ; c'est elle qui (...) anime une conversation, et adoucit les angles de l'inégalité conventionnelle.

Brillat-Savarin, gourmand professionnel

ESSAYEZ ÇA

Notez ici la dernière grande tablée que vous avez partagée : quel était le contexte ? Combien de convives y avait-il ? Qui était là ? Qu'avez-vous mangé ? Que retenez-vous de ce repas ?

La cuisine, un jeu passionnant

Cuisiner, c'est se familiariser avec les aliments, leur consistance, leurs associations, leur goût et leur parfum. C'est aussi faire preuve de créativité, se faire plaisir, contenter les autres, et s'offrir un moment presque méditatif : tandis que vous épluchez, coupez, jetez dans la casserole, mélangez, respirez les parfums, se noue un dialogue silencieux avec vos sens et avec vous-même.

Manger ses émotions

Vous arrive-t-il de manger pour réguler vos émotions ? Si parfois vous grignotez pour vous calmer, par ennui ou parce que vous vous sentez déprimé et que vous savez que cela vous procurera un réconfort immédiat, vous avez déjà utilisé la nourriture comme un « médicament », utile sur le moment, mais peu satisfaisant à long terme. Cette façon de manger se rapproche d'une addiction, car elle active le système de récompense du cerveau, qui sécrète de la dopamine et en redemande à chaque nouveau « stress ». Mieux repérer ces craquages émotionnels permet à la fois de prendre davantage plaisir à manger au moment des repas, mais aussi d'envisager d'autres solutions pour confronter ses émotions, trouver du plaisir… et cheminer sereinement vers le bonheur.
Il n'est pas question de se priver, mais de s'écouter ! Et plutôt que de manger vos émotions, veillez aux émotions qu'éveille en vous le fait de manger.

Mes repas idéaux

Si vous deviez imaginer le menu de votre repas rêvé, quel serait-il ? Aurait-il lieu au restaurant ? Serait-il préparé par vous ? Par l'un de vos proches ? Par plusieurs personnes ?

Entrée

....

....

Plat

....

....

Dessert

....

....

Boissons

....

....

Qui sont vos cuisiniers préférés, parmi vos amis ou dans votre famille ?

....

....

Quelles sont leurs spécialités ?

....

....

Quel est le plat que vous aimez préparer ? Dans quel contexte ?

....

....

Quel est le plat que vous aimeriez savoir préparer ? Dans quel contexte ?

....

....

Quels sont vos trois restaurants préférés du moment ?

....

....

Ce que dit la science

Pas étonnant qu'il soit si difficile de réguler son poids ou de comprendre pourquoi on culpabilise une fois de plus après avoir abusé du gâteau au chocolat : ce n'est pas qu'une affaire de volonté, loin de là.

Le ventre, ce 2e cerveau

Les mécanismes de la faim mettent en jeu un système ultra complexe qui implique à la fois le système hormonal, les neurotransmetteurs et l'hypothalamus, et suppose une communication constante entre notre système digestif et notre cerveau, qui se fait complètement à notre insu. Les découvertes scientifiques les plus récentes font carrément état d'un « deuxième cerveau » dans notre ventre, qui contient pas moins de 200 millions de neurones. Ces neurones connectés transmettent des ordres au cerveau « du haut » et produisent 95 % de la sérotonine, un neurotransmetteur qui participe à la gestion de nos émotions. Mais nos intestins recèlent aussi une autre richesse, encore méconnue, le microbiote intestinal, soit environ 100 000 milliards de bactéries – oui, le stagiaire les a comptées –, qui auraient également un impact sur notre santé. La recherche en la matière est encore balbutiante mais promet d'incroyables découvertes, aussi riches de conséquences pour notre santé physique que pour nos états d'âme.

Donc, votre ventre est futé : mais quelles conclusions pratiques en tirer ? C'est simple : de la même façon que vous essayez de ne pas mettre n'importe quoi dans votre cerveau (attention aux abus de téléréalité), vous pouvez décider de choisir avec soin ce que vous mettez dans votre ventre. Évidemment, tout ne se joue pas sur un repas, une semaine ou un mois : c'est en découvrant ce qui vous convient, en prenant votre temps, que vous trouverez votre « équilibre » au long cours et vos aliments fétiches. Et si le sujet vous intrigue, pour approfondir vos connaissances et peaufiner votre équilibre alimentaire, consultez plutôt un nutritionniste qu'un magazine féminin…

Place à l'exercie pratique !

ESSAYEZ ÇA

Après chaque repas, concentrez-vous quelques instants sur vos sensations physiques. Vous sentez-vous léger ou un peu ballonné ? Rassasié ou encore affamé ? Ressentez-vous une gêne ou des douleurs ? Ce temps de recul vous aidera à corriger votre alimentation, au besoin, pour retrouver votre confort digestif au quotidien et à mieux choisir ce qui vous fait du bien.

Les aliments du bonheur

Outre l'effet « réconfortant » trop fugace des aliments gras, sucrés ou les deux à la fois, il existe une autre manière de se faire du bien en mangeant, plus durable et plus raisonnée. Les minéraux, vitamines, oligo-éléments et acides aminés présents en plus ou moins grande concentration dans la nourriture jouent un rôle prépondérant sur la régulation de notre humeur. Encore faut-il connaître les vertus des aliments, et choisir ceux que nous préférons, avant de les accommoder dans de savoureuses recettes !

Les poissons gras

Saumons, sardines et maquereaux sont vos meilleurs amis. Pleins d'oméga 3 ou acides gras essentiels, ils sont indispensables au bon fonctionnement du système nerveux et vous aident à garder le moral !

Astuce

Pour une entrée toute simple, passez le contenu d'une boîte de sardines au four pendant 5 minutes, avec jus de citron, ail et gingembre ! À servir avec des toasts.

Le chocolat noir

Pour lutter contre l'anxiété, rien de tel qu'un petit carré de temps à autre : plein de magnésium, le chocolat noir chasse les idées noires. C'est aussi l'allié de nos muscles, qu'il aide à éviter les crampes intempestives.

Astuce

Deux ou trois fois par semaine, accompagnez votre café ou votre thé d'un carré de chocolat noir de qualité exceptionnelle, que vous prendrez le temps de savourer…

Les légumes

Pour réguler le système nerveux, on puise des antioxydants, des fibres, du magnésium et de la vitamine B9 dans les épinards, le chou ou la mâche.

Astuce

Le chou mariné à la japonaise (« kimchi »), c'est délicieux et bon pour la santé et le moral : après avoir fait dégorger un petit chou blanc, faites-le mariner au moins 1 heure avec 30 cl de vinaigre (de riz ou de cidre) et 2 cuillerées de sucre. Assaisonné de sauce soja et de graines de sésame, il vous mettra sainement en appétit !
À noter également, le poivron est le légume le plus riche en vitamine C.

Les fruits

Les agrumes, pleins de vitamine C et B9 sont aussi des activateurs de sérotonine, un neurotransmetteur qui régule le stress.

Astuce

Une orange le matin vaut mieux qu'un jus, même maison. Le jus industriel contient du sucre, et pour un jus maison il vous faudra trois oranges…

L'avocat

Au Brésil, où il est énooooorme, il est employé dans des recettes sucrées.

Astuce

Essayez de remplacer une partie du beurre dans vos gâteaux par de l'avocat, résultat bluffant, et « bonne graisse » au rendez-vous !

Les féculents et les légumineuses

Riches en magnésium et en tryptophane, ils sont aussi sources de glucides complexes. Pour les féculents, préférez les pâtes complètes, cuites *al dente,* le pain complet, le riz complet. Rappelez-vous que votre cerveau a besoin de glucose pour bien fonctionner et garder le moral !

La viande

Pour les protéines, le fer et le tryptophane, une fois par jour au maximum.

Les œufs

Pour le tryptophane, cet acide aminé précurseur de la sérotonine, l'« hormone de la bonne humeur », et de la vitamine D. De la bonne humeur au bonheur, il n'y a parfois qu'un œuf à la coque au petit déjeuner !

Les aliments fermentés

Ils contiennent plein de probiotiques, ces bonnes bactéries qui protègent votre microbiote personnel – rappelez-vous, le deuxième cerveau qui se trouve dans votre ventre – et contribuent à une bonne digestion.
Parmi eux, on compte le miso (pâte de soja fermentée), le shoyu (sauce soja), les yaourts, la choucroute, les olives, la bière, la croûte des fromages…

Astuce

Une cuillerée à soupe de levure de bière (dite « revivifiable ») dans vos yaourts ou vos soupes, sur vos salades, etc., permet un bon apport en probiotiques !

J'adore la pizza.

Gisele Bundchen, fieffée menteuse

BON PLAN

« Préserver les vitamines des fruits et légumes »

Manger un fruit ou un légume *frais*, c'est le manger peu après sa récolte : le temps qui passe nuit à ses propriétés et du même coup à ses bienfaits, car les nutriments qu'il renferme sont sensibles à la lumière, à la chaleur et à l'oxygène.

Quant à la cuisson, c'est à la vapeur, à l'étouffée ou au micro-ondes que les fruits et légumes sont le mieux préservés. La cuisson douce (à moins de 100 °C, donc avant le point d'ébullition) est à privilégier : du coup, un cuit-vapeur vaut mieux qu'une cocotte-minute.

Les produits surgelés permettent également de préserver un maximum de nutriments et de vitamines. Enfin, les conserves subissent un traitement thermique : les produits ainsi conditionnés peuvent perdre jusqu'à 50 % de leurs vitamines, à part les légumineuses qui supportent très bien la mise en boîte.

Manger de l'ail, ça rajeunit l'organisme et ça éloigne les importuns.

Alexandre Vialatte

ESSAYEZ ÇA

Notez dans le tableau ci-dessous lesquels de ces aliments « bien-être » vous consommez régulièrement, rarement ou jamais. Notez ensuite ceux que vous préférez. À vous ensuite de constituer une « base de données » de recettes dans lesquelles vous pourrez piocher à loisir !

Aliment	Une fois par jour	Plusieurs fois par semaine	Plusieurs fois par semaine	Une fois par mois
Chocolat noir				
Avocat				
Agrumes				
Légumes feuilles				
Légumineuses				
Féculents				
Poivrons				
Œufs				
Amandes ou autres fruits secs				
Poissons gras				
Aliments fermentés				

Ce que dit le bon sens

Manger 5 fruits et légumes par jour, proscrire le gras et le sucre, manger tel type de graisses et pas telles autres, bannir ceci ou cela… autant de diktats impossibles à suivre sans devenir fou, et surtout sans perdre de vue le plaisir de manger. Pourquoi s'encombrer de règles trop contraignantes ? D'un côté, les connaissances scientifiques évoluent sans cesse ; de l'autre l'alimentation – surabondante dans nos sociétés – n'échappe ni aux effets de mode ni aux impératifs économiques. Pour veiller à ce que vos repas restent une source de bonheur quotidien, il suffit peut-être de manger de tout avec modération… Et de garder en tête le facteur plaisir !

Voici tout de même quelques règles simples pour vous guider sans vous prendre le chou et célébrer la joie de manger :

Moins de produits transformés

Plus un produit naturel a été transformé (un plat tout prêt, un gâteau du commerce, une préparation industrielle), plus il contient de conservateurs et d'additifs inutiles voire nocifs à long terme. Idem pour le sucre blanc, la farine blanche, le sel blanc : ce sont des produits raffinés qui ont perdu un paquet de leurs vertus dans le processus. L'idée n'est pas du tout de les supprimer, mais de les limiter, et surtout de *varier* votre alimentation.

Une plus grande diversité

Pour composer vos repas, piochez dans toutes les familles d'aliments ! Pensez à faire une soupe avec une variété de légume oubliée, à goûter un poisson que vous ne connaissez pas au restaurant, à manier une épice exotique, à essayer les pâtes complètes, à redécouvrir les légumineuses…

Des produits de saison

Si vous privilégiez des produits de saison, vous les paierez moins cher, vous aurez plaisir à les manger parce qu'ils sont plus goûteux et moins traités que des fruits et légumes importés.

Des produits de qualité

Là aussi, c'est une question de bon sens : un produit qui a du goût ou un plat bien préparé est dix fois plus satisfaisant qu'un mets insipide ou un fruit sans saveur. Et le risque de compenser son insatisfaction par la quantité est moindre !

Pas de régime

C'est prouvé, les régimes ne marchent que pendant une durée limitée, vous frustrent et vous font courir le risque de reprendre plus de poids que vous n'en avez perdu, avec des conséquences néfastes sur votre santé physique et psychologique. Pour autant, si vous avez des problèmes de poids ou que vous vous interrogez sur votre équilibre alimentaire, il est important de retrouver un rapport apaisé avec votre alimentation et d'avoir recours à un professionnel : nutritionniste, psychologue spécialiste des TCC (thérapies cognitivo-comportementales) ou hypnothérapeute sont en mesure de vous aider.

Test – À chaque denrée sa saison (NB : ces indications sont valables pour la France, renseignez-vous quand vous partez en voyage !)

1. Les moules, c'est mieux :

a) En octobre

b) En avril

2. Les tomates, mieux vaut les déguster

a) En mars

b) En juin

3. L'asperge blanche pointe le bout de son nez

a) En avril-mai-juin

b) En juin-juillet-août

4. Le chou-fleur, c'est meilleur

a) En février

b) En septembre

5. Les amandes sont extra-fraîches

a) En mai

b) En août

Réponses :

1a, 2b, 3a, 4b, 5b

La cuisine, c'est quand les choses ont le goût de ce qu'elles sont.

Curnonsky

Prendre plaisir à manger

Même quand vous mangez avec des amis ou votre famille, vous restez seul maître à bord de vos sensations et de votre satiété !
Pour ressentir un maximum de plaisir à chaque bouchée, et entretenir l'envie de bien manger et de cuisiner, il y a donc quelques points qui méritent votre attention.

ESSAYEZ ÇA

Mangez à votre faim : ni trop, ni trop peu.

Stimulez votre appétit : usez et abusez des épices.

Respectez votre rythme : vous pouvez mastiquer lentement, même si tout autour de vous les convives engloutissent leur repas trop vite. Vous pouvez déjeuner à 13 h 30 plutôt que 12 h 30 si ça vous correspond mieux, par exemple.

Observez ce qui satisfait le mieux votre faim.

Pratiquez le « Hara hachi bu » : sur l'île d'Okinawa, où l'on vit centenaire, les habitants sortent de table avec l'estomac aux trois quarts plein : une modération qui leur vaut une santé de fer !

Quiz – Testez vos connaissances culinaires

1. Qu'est-ce que le cuy ?

a) Un cochon d'Inde géant que l'on mange en Équateur
b) Un plat à base de testicules de taureau

2. Dans quel pays trouve-t-on du haggis ?

a) En Irlande
b) En Écosse
c) En Mongolie

3. Le yuzu est un fruit

a) Vrai
b) Faux

4. La groseille à maquereau est un appât pour la pêche

a) Vrai
b) Faux

5. Que signifie « réduire » en cuisine ?

a) Concentrer un jus en le faisant bouillir lentement
b) Retirer les aromates d'un bouillon

6. Qu'est-ce qu'une crapaudine ?

a) Un petit crapaud très goûteux

b) Une façon de présenter la volaille

7. À quoi sert un « chinois » en cuisine ?

A) À filtrer une préparation liquide

B) À saupoudrer un gâteau

8. Qu'est-ce que le Tamagoyaki ?

a) Un gadget qui permet de calculer les calories

b) Une omelette japonaise

9. Avec quels ingrédients fait-on une pavlova ?

a) Des oignons et du bœuf

b) De la meringue et des fruits rouges

10. De quelle origine sont les cromesquis ?

a) Ils ont été inventés dans Top Chef

b) Ils ont été importés de Pologne au XIXe siècle

Réponses

1 a, 2 a, 3 a, 4 b, 5 a, 6 b, 7 a, 8 b, 9 b, 10 b

Comment apprécier au maximum ce que vous mangez

Soignez la présentation : c'est complètement psychologique, mais une assiette de pâtes bien présentée, avec la petite feuille de basilic, vous donnera bien plus de plaisir que sa version monotone.

Pensez à la couleur : le grand chef Alain Passard affirme travailler en pensant aux associations de couleurs entre les légumes qu'il aime tant. Un peu comme un peintre, dont les légumes seraient la palette. Amusez-vous à en faire autant !

Variez les textures : plus vous variez les textures, plus grand sera le plaisir de la dégustation. Le cerveau aime la variété et les surprises, et y trouve de grandes satisfactions.

Variez les goûts : c'est comme pour les textures, varier les goûts ravira votre palais, évitera l'ennui, et fera de chaque repas une fête sensuelle, évitant accessoirement l'envie de grignoter. Pensez aux épices et aux condiments pour rehausser le goût de vos plats et de vos salades. Quelques graines de courge ou de sésame parsemées sur vos tartes ou salades sont aussi une petite habitude saine, agréable et facile à adopter, qui jouera sur le goût et la texture de vos plats.

L'umami est notre ami

L'umami, c'est la « cinquième saveur », le « goût délicieux » découvert par un chercheur japonais au début du XXe siècle, qui vient s'ajouter aux quatre saveurs bien connues en Occident (sucrée, salée, amère et acide). La richesse de la cuisine résulte de la savante combinaison de ces différentes saveurs. Pour ajouter de l'umami dans votre vie, pensez : tomates mûres, fromages affinés (parmesan, roquefort, cheddar…), champignons séchés (shiitake, morilles…), sauce soja, anchois, asperges, bonite séchée, charcuterie, oignon, truffe, algues wakamé, kombu, nuoc-mâm…

Réservez des surprises à votre palais

Cuisiner de nouveaux plats, de nouveaux ingrédients, se laisser surprendre par une saveur inédite ou un plat inconnu, c'est gage de joie pour votre palais et votre estomac ! N'oubliez pas la part de jeu qui agrémente le fait de se nourrir. Au restaurant, demandez à votre ami(e) de choisir pour vous ; chez des amis, essayez de deviner ce qui mijote et quelles épices ont été utilisées rien qu'au fumet ou au goût, avant que l'on vous dévoile le nom du plat. Jouez à Topchef et mettez vous aussi vos amis au défi de trouver ce qui se cache derrière ce tartare coloré – oh, une salade de fruits ! ou quel ingrédient mystère vous avez ajouté à votre dessert… ça alors, du munster !

Les bons ustensiles

Il n'en faut pas tant que ça pour cuisiner au quotidien, mais veillez à leur extrême qualité. La saveur de vos plats et votre plaisir à cuisiner en dépendent… Une casserole, un faitout et une poêle faits pour durer, de bons couteaux, un petit robot, un moule à tarte et un moule à gâteau, un plat qui va au four… Avez-vous besoin de plus ?

Les bons contenants

Une vaisselle qui vous plaît et qui met en valeur ce que vous mijotez contribue à augmenter votre satisfaction quand vous mangez. Les plats ébréchés et les assiettes tristounettes sont donc à bannir une bonne fois pour toutes !

Le contexte

Manger dans un environnement agréable, avec des gens que vous appréciez, ou même seul(e) : le contexte dans lequel vous mangez modifie complètement votre expérience, votre plaisir et vos sensations. Essayez de quitter la cantine de temps en temps, de manger dans un parc, de tester un restaurant, d'éviter le brouhaha et les casse-pieds. La table reste un lieu de détente.

ESSAYEZ ÇA

J'affirme mes goûts !

Les couleurs que je trouve appétissantes

Mes saveurs préférées

Mes épices favorites

Mes péchés mignons

Mes envies de découvertes

Aliments	Recettes

Donner du goût

BON PLAN

Souvent, les recettes de desserts prévoient beaucoup de sucre, et il m'arrive d'en mettre moitié moins sans que le goût ne soit fade ou triste pour autant. Il existe aussi d'autres astuces pour rehausser le goût d'un dessert sans forcer sur le sucre : utiliser de la cannelle, de la vanille, de la cardamome, du safran, de l'eau de fleur d'oranger ou de l'eau de rose.

Quant aux plats, plutôt que de les surcharger en sel, pensez à toute la gamme des épices et des condiments, qui le remplacent ou le secondent avantageusement !

Ça manque de harissa.

Mon père

La gourmandise n'est pas un vilain défaut

Mais la gourmandise ne concerne pas que le goût des aliments, elle va bien au-delà. Quelques astuces pour l'affûter :

- Repérez sur le marché les articles qui attirent votre regard.
- Respirez les parfums des aliments crus et les fumets des aliments cuits.
- Attendez un tout petit peu avant d'attaquer votre plat : admirez l'assiette, sa composition, l'harmonie des couleurs, les différents volumes…
- Prenez le temps de savourer : texture, goût, température, la nourriture mérite la même attention que le bon vin.
- Renouez avec des plaisirs enfantins : patouillez dans les ingrédients du gâteau, caressez les raisins, explorez les reliefs du poisson, goûtez le bouillon…
- Écoutez grésiller le beurre, bouillir l'eau, admirez le gâteau qui gonfle dans le four.

Mieux encore que dans la chambre j' t'aime dans la cuisine
Rien n'est plus beau que les mains d'une femme dans la farine.

Claude Nougaro, macho mais lyrique

Recettes plaisir et bien-être : quelques idées

Pour l'apéro : les toasts à l'avocat

Pour 2 personnes

2 tartines de pain complet

1 avocat bien mûr

Poivre

Sumac

Gomasio (sel de sésame, dans les magasins bio)

1 gousse d'ail

Graines de sésame

Faites griller le pain, frottez l'ail sur toute sa surface. Tartinez généreusement d'avocat. Assaisonnez avec le sel, le poivre, le sumac. Parsemez de graines de sésame.

En guise de plat : le Burger healthy

Pour 2 personnes

2 filets de saumon

1 échalote

1 cuillerée à soupe de moutarde

Pain à burgers

Sel, poivre

Hachez grossièrement le saumon et l'échalote. Mélangez saumon, échalote hachée et moutarde pour former deux galettes, salez, poivrez. Entourez de film alimentaire et réservez au frais 1 heure. Faites dorer les galettes à la poêle quelques minutes de chaque côté. Garnissez le pain d'une galette chaude, de laitue et de tomate, à votre convenance. Vous pouvez ajouter une touche de sauce tartare (maison de préférence).

Une autre idée de plat, à servir avec une salade verte : la tatin de carottes

1 botte de carottes

1 gousse d'ail

1 pâte feuilletée

Thym

Cumin

Sucre

Faites blondir les carottes et l'ail dans une poêle beurrée. Ajoutez du thym, du cumin et un peu de sucre. Laissez caraméliser à feu doux pendant

15 minutes. Posez les carottes dans le fond de votre moule à manqué, recouvrez-les complètement de pâte (y compris sur les côtés) et enfournez pour 20 minutes à 210 °C (th. 7).

La soupe d'hiver réconfortante

1 potiron
1 boîte de lait de coco
Gingembre
Huile d'olive
1 gros oignon
1 gousse d'ail
Sel, poivre

Après avoir coupé le potiron en gros morceaux, faites-le rôtir au four pendant 20 minutes à 200 °C. Pendant ce temps, faites revenir dans l'huile d'olive, l'oignon, l'ail et le gingembre. Puis ajoutez le potiron, et écrasez le tout au presse-purée. En maintenant, à feu doux, ajoutez le lait de coco et un peu d'eau selon la consistance désirée. Salez, poivrez, c'est prêt !

Quatrième partie

Je bouge pour être heureux

Dans cette partie :

- Je bouge donc je suis : le sport vous veut du bien
- Éliminez les mauvais prétextes
- Trouvez votre sport
- Le souffle

On m'a dit que ça rendait euphorique! J'attends de voir!

Le trésor du bien-être corporel, la joie d'être allègre, léger, dispos, vigoureux, sont chose aussi rare que la sérénité d'âme.

Henri Frédéric Amiel

Je bouge donc je suis : le sport vous veut du bien

Faut-il courir des marathons ou fréquenter assidûment une salle de sport pour être en forme ? Pas forcément. Quelques saines habitudes permettent d'habiter pleinement son corps, de se sentir souple et musclé, sans bouleverser son emploi du temps ni souffrir de mille courbatures. Suivez le guide !

Plus d'énergie = plus de confiance en soi

Si vous vous êtes déjà levé plein d'entrain, dans un geste souple, prêt à dévorer la nouvelle journée qui s'offre à vous, vous connaissez cette très agréable sensation : être en pleine forme. N'est-ce pas la condition *sine qua non* pour accomplir vos projets et travailler à votre bonheur ? On l'a vu dans le chapitre précédent, votre forme est fonction de ce que vous choisissez de manger. Mais pas seulement ! L'énergie s'auto-entretient, d'une certaine façon : plus vous êtes actif physiquement, plus l'énergie afflue. Et vice et versa : comment vous sentez-vous après plusieurs heures devant un écran de télé ou d'ordinateur ? Personnellement, après un long moment passé à écrire sans pause et sans sortir de ma tanière, je suis un peu recroquevillée, j'ai froid, des douleurs diffuses (le cou, le dos), et je ne me sens pas vraiment tonique. Il arrive même que je me sente un peu déprimée de n'avoir pas bougé. Si je passe plusieurs jours sans une longue marche ou une séance de sport, je sens très concrètement que je suis moins en confiance et plus nouée.

C'est pour éviter ce genre de sensations qu'il est indispensable de veiller à un juste équilibre, adapté à vos possibilités, entre une activité sédentaire (intellectuelle ou non) et une activité physique régulière. Grâce à cette pratique, vous verrez votre confiance en vous se renforcer (voir le chapitre 1), et vous ouvrirez grand la porte au bonheur !

Juguler le stress

Le stress, nous en avons besoin pour relever des défis, pour nous mettre en branle, pour réagir face à un danger. Mais aujourd'hui, nous disposons toujours de ces alertes « automatiques » alors que nous ne sommes plus menacés comme à l'époque de Cro-Magnon. Or, le stress trop fréquent, prolongé, a tendance à nous gâcher la vie. Alors quand vous le sentez poindre ou que vous approchez d'une « épreuve », pourquoi ne pas utiliser l'activité physique comme un remède préventif ?

ESSAYEZ ÇA

À titre personnel, j'ai pris l'habitude de courir 45 minutes, quelques heures avant tout rendez-vous dont l'enjeu me semble important. De cette façon, j'arrive détendue, pleine de confiance et l'esprit libre pour aborder mon rendez-vous.

Gagner en sérénité

Les sportifs bien entraînés et les athlètes ont un rythme cardiaque bien plus lent que la moyenne : ils ont appris, grâce au sport, à ralentir leur métabolisme, qui sait mieux se reposer en période calme. Leur énergie est gérée à la perfection, et ils sont généralement relax et souriants. Presque dopés ? Lisez la suite, c'est un peu ça !

Libérer les endorphines

Vous vous souvenez du dessin animé « Il était une fois la vie » ? Si ce n'est pas le cas, filez sur Youtube. Si oui : imaginez-vous des petites pom-pom girls, ce sont les endorphines, les hormones du bonheur. Elles sont là, planquées quelque part dans votre cerveau, elles soupirent d'ennui et ne demandent qu'une chose : que vous les libériez, pour que vous envahisse une délicieuse sensation de plénitude et de bien-être. Donnez-moi un B ! Donnez-moi un O ! Donnez-moi un N !... Oui, elles sont capables de créer un sentiment de *bonheur* puissant, car d'un point de vue moléculaire, elles ressemblent à de la morphine. En gros vous hébergez une usine à fabriquer des opiacés, sans risque d'accoutumance. Alors, comment faire pour les laisser s'exprimer ? Il suffit de bouger !

Augmenter votre réalité

En développant votre souplesse, votre force et votre aisance, vous évoluez différemment dans l'espace. En apprenant à courir plusieurs kilomètres sans vous arrêter, vous découvrez non seulement des muscles insoupçonnés et de grandes réserves d'endurance, mais aussi des lieux de votre ville ou de votre environnement que vous n'aviez jamais exploré auparavant... Le sport augmente votre réalité !

PAUSE TECHNIQUE

Outre les endorphines, le sport et l'activité physique en général boostent la production de neurotransmetteurs, tels que la noradrénaline, la dopamine et la sérotonine. Tous ont pour point commun de réguler notre humeur et de lutter contre l'anxiété et la déprime. Des alliés à ne pas négliger !

Votre machine personnelle

Votre machine, c'est votre corps. Il est à vous. Vous en êtes donc responsable, quelles que soient l'énergie et les qualités dont vous êtes doté. Et vous avez forcément une marge de progression pour vous sentir plus en forme, de façon durable. L'important, c'est de comprendre qu'il n'y a pas de séparation entre le corps et l'esprit, n'en déplaise à Socrate, Aristote,

Descartes et leurs amis… Aujourd'hui, la médecine, la psychologie et les sciences cognitives nous permettent d'affirmer que le mental influe sur le corps et vice versa.

Vous l'avez déjà observé par vous-même : toutes les émotions qui nous traversent ont un impact sur notre corps : le « coup de chaud » quand on est en colère, la détente quand on est en sécurité, le cœur qui bat la chamade en cas d'émotion forte, la gorge qui se noue quand on ressent de la tristesse… Tout fonctionne ensemble, et nous avons parfois tendance à l'oublier. Il faut donc veiller à écouter toutes ces réactions et à réagir en conséquence, en pensant aux bienfaits de l'activité physique : en cas de stress, une marche tranquille ou un massage pour s'apaiser ; en cas de colère, une activité d'endurance pour dépenser le trop-plein d'énergie et réguler les émotions, en cas de tristesse ou même de douleur physique, quelques étirements prolongés pour dissoudre les nœuds et ouvrir à nouveau notre corps… et notre esprit. Les deux travaillent toujours ensemble. Mieux comprendre et respecter les besoins de son corps, c'est donc un excellent moyen d'aller vers le mieux-être.

Le minimum vital

Selon l'Organisation mondiale de la santé, les adultes âgés de 18 à 64 ans devraient pratiquer « 150 minutes d'activité d'endurance d'intensité modérée ou au moins 75 minutes d'activité d'endurance d'intensité soutenue, ou une combinaison équivalente d'activité d'intensité modérée et soutenue. » Traduction : l'activité d'endurance d'intensité modérée, c'est celle qui n'essouffle pas et/ou fait peu transpirer : faire le ménage, se promener, faire du vélo, nager tranquillement… Et *a contrario,* l'activité d'endurance d'intensité soutenue pousse à travailler plus « sportivement » en sollicitant davantage le cœur et les muscles : course à pied, badminton, foot, yoga, danse, salle de sport… De façon plus schématique, les médecins recommandent généralement 3 x 30 minutes d'activité physique par semaine au minimum.

Un autre indicateur très utile et tout simple, c'est le nombre de pas par jour : là aussi, l'OMS y va de sa petite recommandation. Un être humain en bonne santé (et qui veut le rester) fait au minimum **10 000 pas par jour**. En dessous de 5 000, vous ne bougez clairement pas assez.

BON PLAN

Il existe plein d'appli mobiles gratuites pour calculer votre nombre de pas quotidiens, et aussi des podomètres, souvent intégrés à des bracelets ou à des montres connectés à Internet.

ESSAYEZ ÇA

La souplesse

Si vous vous sentez rouillé comme un vieux parapluie – ou pour savoir si vous l'êtes –, commencez par vous assouplir gentiment, le matin et/ou le soir :

- Debout, les jambes écartées de la largeur des hanches, étendez les bras de chaque côté du corps, les mains relevées, comme si vous vouliez pousser des murs imaginaires. Tenez la position 30 secondes à 1 minute. Ça chauffe ? C'est normal.
- Assis(e) sur une chaise, les jambes écartées de la largeur des hanches, penchez-vous doucement en avant, en attrapant vos mollets avec vos mains, et en relâchant complètement la tête entre les jambes. Tenez la position 30 secondes à 1 minute, en respirant profondément et lentement.

Attention : pas besoin de se faire mal pour que l'activité physique soit efficace ! Si vous vous faites mal, c'est plutôt signe que vous avez brusqué votre corps, accidentellement ou pas… Les courbatures, ok, mais les douleurs, c'est niet ! Ici on parle de bonheur et de bien-être, pas de masochisme…

Éliminez les mauvais prétextes

« Je n'ai pas le temps »

Faux ! Dans les transports, vous pouvez :

- Contracter vos abdos.
- Tenir debout le plus longtemps possible sans vous accrocher nulle part.
- Contracter discrètement les fessiers.

Assis au bureau, vous pouvez :

- Soulever vos jambes jointes verticalement puis les garder parallèles au sol quelques secondes.
- Vous étirer.
- Faire de petits cercles avec vos pieds.
- Vous lever le plus souvent possible.
- Aller voir votre collègue au lieu de lui envoyer un mail.
- Téléphoner debout.
- Lever votre bouteille d'eau 10 fois au-dessus de votre tête.
- Pendant votre coup de fil, vous hisser plusieurs fois sur la pointe des pieds…

Sur le trajet pour aller au travail ou ailleurs, vous pouvez :

- Accélérer la cadence.
- Prendre un vélo.
- Descendre quelques stations plus tôt.
- Faire tout le trajet à pied…

À la maison, vous pouvez :

- Profiter de toutes les occasions pour vous activer.
- Faire le ménage (en musique).
- Danser… pour rien, ou parce que vous êtes content.
- Installer un vélo d'appartement en face de la télé.
- Aller chercher 2 packs d'eau à pied.

Et ce ne sont que des exemples !

« J'ai la flemme »

En ce moment, personne ne pourra vous convaincre de vous mettre au sport, et vous adorez citer Churchill qui répondait, quand on lui demandait le secret de sa santé « no sport » ! Grand fumeur, amateur de whisky, il a

quand même vécu jusqu'à 90 ans.
Vous considérez qu'il faut être fou pour se fatiguer en courant ou en soulevant des poids, c'est votre droit.
Veillez tout de même à marcher suffisamment, à monter les escaliers dès que possible et à jouer au chat perché avec votre petit neveu.

« Je déteste le sport »

Si vous avez essayé différents sports sans jamais trouver votre bonheur, soit ! Mais pensez à marcher autant que possible, à vous activer dès que vous en avez l'occasion. Votre corps vous en saura gré. Et si vous n'avez jamais fait de sport… il faut essayer avant de juger ! Commencez par une activité ludique, en vacances par exemple : long board, aquagym, beach-volley… Et notez comment vous vous sentez après. Si vous avez une expérience traumatisante avec le sport (humiliation, accident, blessure…) ça peut valoir la peine de vous faire aider ponctuellement, plutôt que de vous priver d'une activité potentiellement épanouissante.

« Je ne vois pas l'intérêt »

Si vous ne faites pas du tout de sport, c'est normal que vous ne voyiez pas l'intérêt, vous le verrez en commençant… Mais admettons que vous soyez déjà tellement dopé aux endorphines que le sport ne fasse aucune différence, il y a quand même d'autres avantages à la pratique d'une activité physique :

- Mesurer ses performances, savoir où on en est et comprendre comment on fonctionne.
- Galber sa silhouette.
- Renforcer son système immunitaire.
- Partager des bons moments entre amis.
- Ressentir de la fierté à relever des défis.
- « Mangerbouger » : si vous faisiez plus de sport, vous pourriez craquer plus souvent sur le Paris-Brest.
- Rencontrer des gens.

À vous de trouver lequel de ces leviers pourrait vous inciter à débuter ou à reprendre une activité physique régulière !

« Je ne suis pas assez en forme »

Objection rejetée. Si vous êtes en bonne santé, vous pouvez commencer très modestement par quelques longueurs à la piscine, ou quelques kilomètres de marche supplémentaires en ville. C'est en bougeant que vous y prendrez goût et que vous mesurerez les bienfaits de l'activité physique, tout en affrontant l'étendue de vos besoins en la matière. Si vous êtes essoufflé au bout de quelques marches d'escalier, sauf grand âge ou maladie chronique, il est temps de vous y (re)mettre !

« C'est trop tard pour moi »

Détrompez-vous. Même ceux qui se mettent à augmenter leur activité physique « sur le tard » en ressentent de grands bénéfices. Le premier d'entre eux est peut-être qu'ils se sentent plus jeunes… Entre bouger un peu et ne pas bouger du tout, il y a une immense différence de bien-être… Alors faites le premier pas !

« J'en ai marre, c'est trop dur »

N'oubliez pas : il est possible et même probable que ce soit dur par moments, que votre activité physique vous semble une corvée au début, si vous n'êtes pas du tout sportif.
Je me souviens encore de la première fois que j'ai couru 30 minutes d'affilée (à l'âge adulte) : j'avais si mal et je me sentais tellement nulle que j'aurais pu en pleurer. Un an après, je courais un 10 km sans problème.
Vérifiez que vous n'avez pas mis la barre trop haut dès le début : l'important n'est pas de faire beaucoup, mais de faire souvent. Ensuite, focalisez-vous sur votre ressenti après le sport, et faites un bilan au bout de quelques semaines de pratique. C'est là que vous pourrez observer les effets bénéfiques sur votre humeur et sur votre énergie… Alors, avec ces bienfaits en tête, vous continuerez en toute confiance et avec bonheur ! Et puis, en progressant, vous prendrez plaisir à mesurer le chemin parcouru et à apprécier votre aisance nouvelle.

« Mes efforts ne paient pas »

Vérifiez d'abord que vos objectifs sont SMART (voir le chapitre 1) et que vous avez choisi un sport qui vous correspond (voir page 88). Assurez-vous également que vous n'êtes pas en surrégime. Un bon indice pour vous en apercevoir ? Votre entourage commence à se plaindre que votre vie sociale se limite au sport…
Au cours de votre pratique, pensez d'abord à votre bien-être, concentrez-vous sur vos sensations, et le reste suivra. Si vous faites du sport une arme contre vous-même, ce n'est pas forcément la meilleure des motivations et vous risquez de laisser tomber. Ce que vous devez rechercher, c'est la ou les pratiques qui vous font du bien et que vous faites par plaisir, même s'il vous arrive d'en baver un peu.

Le plus grand secret pour le bonheur, c'est d'être bien avec soi.

Bernard Fontenelle

ESSAYEZ ÇA

Et maintenant c'est à vous ! Dans quelles petites phrases « prétextes » vous reconnaissez-vous ? Par quoi pourriez-vous commencer pour bouger un peu plus cette semaine ?
Notez vos réflexions ci-dessous, puis utilisez le tableau suivant pour suivre pendant un mois vos nouvelles activités.

	Type d'activité	Fréquence et durée
Semaine 1		
Semaine 2		
Semaine 3		
Semaine 4		

Trouvez votre sport

Trouver son sport, c'est un peu comme trouver son point G (je sens que j'ai soudain toute votre attention).

Pour prendre plaisir à bouger et en ressentir tous les bénéfices, mieux vaut choisir une activité qui vous convient et que vous aimez : vous aurez bien plus envie de pratiquer, et serez plus régulier. Si vous êtes déjà sportif, vous pouvez aussi explorer des disciplines inconnues, qui sollicitent d'autres groupes de muscles ou impliquent un tout autre contexte.

Voici une petite infographie pour vous aider dans la quête du sport idéal.

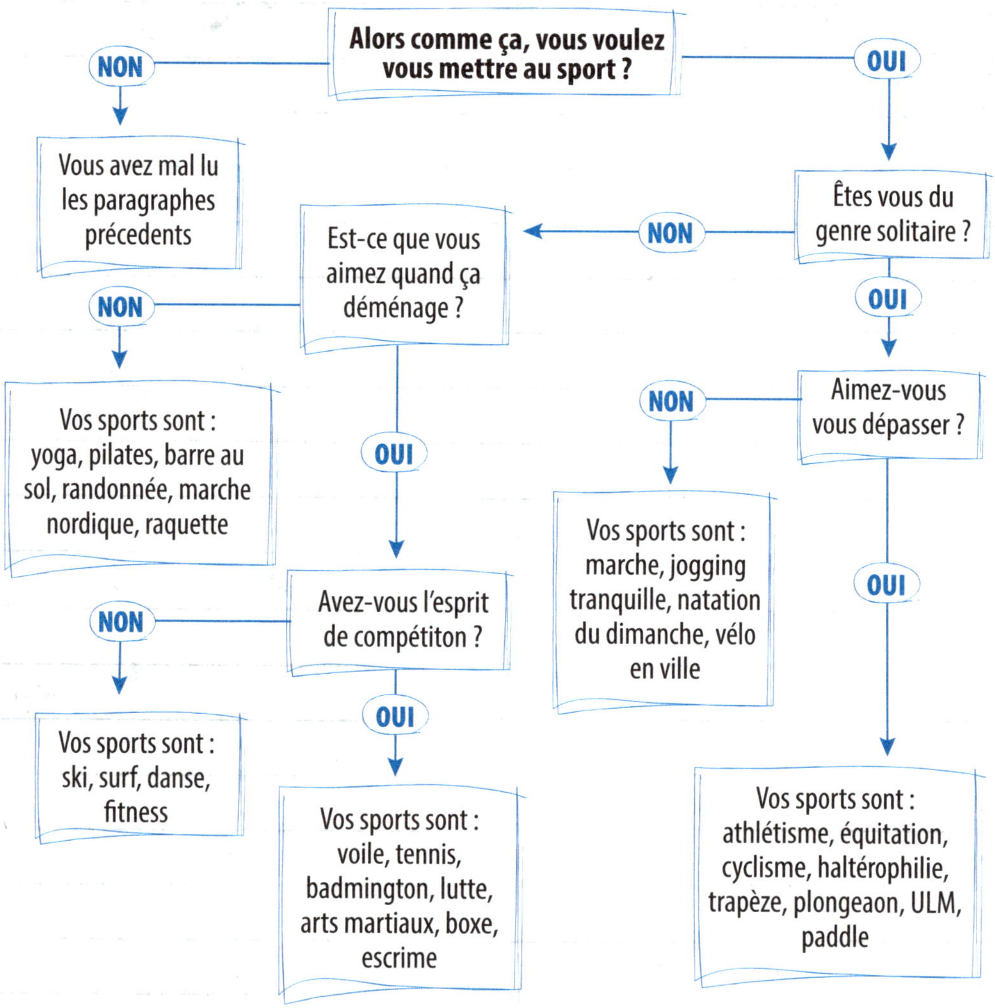

Notez ici quels sports vous avez envie d'essayer : pourquoi vous correspondent-ils ? Qu'est-ce qui vous amuse à l'idée de les pratiquer ?

Notez ici le nom des sportifs que vous admirez. Qu'est-ce qui vous plaît chez eux ?

Notez ici les sensations que vous avez envie d'éprouver après le sport :

Coloriez sur ce schéma les parties de votre corps que vous souhaitez renforcer.

Voici quelques idées de sports à privilégier en fonction de vos priorités

Pour renforcer les abdos fessiers :
Un bon vieux cours de fitness, de gainage, de gym suédoise, de zumba, de yoga, de danse, de Pilates, roller…

Pour renforcer les bras et le dos :
Rameur, aviron, yoga, musculation, boxe

Pour des jambes fuselées et des fesses en béton :
Aquabike, vélo, vélo elliptique

Pour se muscler harmonieusement et en douceur :
Natation, aquagym

Pour se muscler harmonieusement de façon plus tonique :
Body pump

Pour améliorer son cardio :
Tous les sports d'endurance comme la marche rapide, la course, le vélo, le RPM, l'elliptique, le rameur, la natation

Le souffle

À la base de toute pratique : une respiration maîtrisée

C'est logique : quand on pratique une activité physique, on active notre capacité respiratoire pour fournir un maximum d'oxygène à notre corps. Or, mieux respirer permet à la fois d'optimiser l'effort et de moins se fatiguer.

Quelques règles simples

Quand il fait froid et que vous pratiquez à l'extérieur, inspirez plutôt par le nez.

Respirez principalement par l'abdomen, pour emmagasiner un maximum d'air.

Ne bloquez pas votre respiration pendant l'effort.

Quand vous faites du fitness, du yoga, de la musculation, expirez systématiquement sur l'effort.

Expirez 2 ou 3 fois plus longtemps que vous n'expirez lorsque vous pratiquez des sports d'endurance (en général cette respiration se met en place naturellement).

Pratiquez au moins une séance de yoga pour bien comprendre le lien entre respiration et effort et observer calmement les sensations associées à une respiration consciente.

Exercice de respiration

Par défaut, nous respirons en soulevant légèrement le thorax, c'est la respiration « haute ». Apprendre à respirer de façon plus profonde, *via* l'abdomen, peut améliorer vos sensations et vos performances sportives, tout en vous apportant une détente maximale au quotidien.

- Allongé sur le dos, posez vos mains sur votre ventre. Inspirez en poussant vos mains vers le haut, et prêtez attention à vos sensations. Comptez jusqu'à 6 en inspirant, puis expirez sur 12 temps en sentant que votre abdomen se « vide » de l'air.
- Assis sur une chaise, penchez vous de sorte à avoir la tête entre les genoux. Posez vos mains, paumes à plat, sur vos lombaires et répétez l'exercice de respiration ci-dessus.

Vous constaterez avec ces deux exercices simples que l'étendue de votre capacité respiratoire et l'impact de la respiration sur votre corps, bien au-delà de vos poumons.

BONHEUR NIVEAU AVANCÉ

Astuces pour trouver et garder la motivation

Utilisez la visualisation (voir le chapitre 1)

En vous imaginant libéré de vos tensions, plus affûté et en pleine forme, vous aurez envie de vous y mettre. Prenez un moment pour vous imaginer dans quelques mois après la pratique régulière d'un sport. Notez vos sensations, votre apparence…

Faites appel à un coach

La plupart des salles de sport proposent les services d'un coach sportif, qui pourra vous donner quelques pistes adaptées à vos objectifs, à votre âge et à votre état de santé, tout en vous proposant un suivi. Une bonne option pour éviter de se lancer maladroitement dans un sport inadapté ou à un rythme inefficace.

Trouvez un(e) « pote de sport » ou inscrivez-vous dans un club

Pour éviter le coup de mou hivernal ou la flemme galopante, rien de mieux que de se motiver à plusieurs. Chacun tient l'autre par la barbichette et vous aurez des scrupules à poser un lapin à votre compagnon de running, alors que si vous y allez seul, il est plus facile d'abandonner. Autre bénéfice : vous allez renforcer vos liens et vous épauler dans les moments difficiles !

Rejoignez ou créez un groupe de motivation sur Facebook

Vous pourrez y publier des statistiques, des photos, des mots d'encouragement, y prendre rendez-vous pour des séances de sport communes… La force du réseau peut vous aider à retrouver la forme !

Utilisez une appli ou une montre connectée

Suivre et partager vos progrès, planifier vos séances, contrôler votre vitesse ou votre rythme cardiaque. . . les appli mobiles peuvent vous rendre service.

Choisissez un équipement qui vous plaît

Pas de vieux pantalon de jogging, investissez dans une tenue neuve et gaie, cela vous aidera à vous y mettre !

Suivez des sportifs sur Instagram

Leurs photos et leurs petits conseils pourront vous remotiver en cas de besoin.

Faites de votre séance de sport un moment privilégié

Profitez de votre running pour écouter la musique que vous aimez, offrez-vous un bain après votre séance de sport en salle, laissez votre téléphone à la maison… N'oubliez pas que vous travaillez à votre bien-être avant tout !

ESSAYEZ ÇA

Trouver l'inspiration à travers un modèle

Dans la semaine qui vient, jouez au reporter avec l'un de vos amis, un collègue, un membre de votre famille ou une connaissance particulièrement sportive.
Invitez-le à prendre un café et interrogez-le sur sa pratique : à travers ses leviers de motivation, vous comprendrez ce qui l'attire dans le sport qu'il a choisi et ce que lui apporte sa pratique régulière. En bénéficiant de cette expérience positive, vous pourrez commencer à vous imaginer dans cette même posture : en pleine forme, galbé(e), fier(fière) de votre dynamisme et boosté(e) par les endorphines. Quelques mois plus tard, vous partagerez vos ressentis avec cette personne en véritable expert(e) et vous pourrez la ou le remercier pour son aide précieuse !

Notez ci-dessous les personnes que vous pourriez interviewer :

....

....

....

....

Notez ci-dessous vos réflexions après l'interview :

....

....

....

....

Cinquième partie

Je fais le vide à l'ère du trop-plein

Dans cette partie :

- Bonheur et consommation : un lien ambigu
- Choisir ce qui rentre dans votre vie… et décider de ce qui doit en sortir
- Que faire avec ce que j'ai trié ?
- Bienfaits et pièges de la dématérialisation

Je ne comprends pas,
je me sens
encombrée...

Le secret du bonheur, voyez-vous, n'est pas trouvé dans la recherche du plus, mais en développant la capacité de jouir de moins.

Socrate

Pour distinguer ce qui est important pour vous, vous avez besoin d'un environnement harmonieux, dégagé de tout encombrement inutile. Et pour s'épanouir, votre bonheur a besoin d'espace et de temps libre. Or, votre intérieur et votre emploi du temps ne vous apportent pas toujours la sérénité dont vous rêvez… Comme bon nombre de vos contemporains, vous avez peut-être tendance à accumuler : des objets, des contraintes, des relations toxiques, des kilos en trop, des addictions… Pourtant, une vie désencombrée est à votre portée !

Bonheur et consommation : un lien ambigu

L'argent ne fait pas le bonheur

L'adage dit vrai : l'argent ne fait pas le bonheur, mais il y contribue. Nous avons tous besoin d'un minimum de biens pour vivre et quand nous n'avons pas de problème d'argent, nous disposons aussi d'atouts indéniables : une plus grande liberté d'action et un accès facilité au confort et au plaisir. Comme nous ne vivons pas coupés du monde, de ses tentations et de ses injonctions, l'argent est aussi un moyen de se conformer socialement, et donc de vivre en lien avec nos semblables. Qui peut, aujourd'hui, se passer d'un smartphone ? Cela dit, chacun se fait une idée personnelle de ce qui lui est indispensable pour bien vivre et de ce qu'il considère comme un luxe. Pour mon amie A., rien de tel qu'un chat ronronnant sur les genoux ; pour G., le *room service* d'un hôtel de luxe au bout du monde est plus proche de son idée du bonheur, tandis que F. préférera un apéro entre amis. Mais restent deux faits indéniables : l'argent ne permet pas d'acheter le bonheur, jamais, non, n'insistez pas, pas plus que le fait de ne pas être riche n'empêche d'être heureux (attention : cette dernière phrase à double négation demande un peu de concentration). Rappelons que le bonheur est avant tout une question d'attitude face à la vie, et que ce qui le nourrit est d'un autre ordre.

J'achète donc je suis ?

D'après le *Journal of Personality and Social Psychology,* l'estime de soi, les expériences heureuses, le sentiment d'être utile et le lien aux autres sont les ingrédients les plus sûrs du bonheur (voir les chapitres 1 et 2). En somme, le bonheur est discret plutôt que tape-à-l'œil, et Nicky Hilton n'échappe certainement pas aux coups de blues. Sinon, pourquoi aurait-elle autant de chaussures ?

Le bonheur est également une expérience intime, et sur ce point les réseaux sociaux brouillent un peu plus les pistes : il s'agit d'y montrer un « moi idéal » qui occulte la réalité pour montrer combien on est heureux, dans une sorte de grande compétition publique. Les photos sont parfaites, les enfants souriants, les week-ends toujours réussis et la tarte appétissante. En fait, sur la toile, il *faut* être heureux ; or, rien ne nous éloigne davantage du bonheur véritable que cette forme d'obligation sociale.

Oublier le miroir aux alouettes

Comme dirait Stromae, qui dit « argent » dit « achats ».
Bombardé de publicités, notre cerveau finit par intégrer qu'il existe un lien de cause à effet entre le fait de posséder le dernier truc à la mode et le fait d'être heureux. La crème machin et ses « cellules proactives aux protéines de perle » qui rendent belle, le robot bidule qui fait de tous vos repas des succès, le bijou foufou qui vous rendra irrésistible… Tous ces messages flattent en nous l'enfant adepte d'une pensée magique digne des contes de fées : si j'ai ça, je serai plus heureux. C'est donc contre ces envies qu'il s'agit de lutter dans un premier temps. Le plaisir d'acheter et de posséder est pourtant bien réel, me rétorquerez-vous. Oui, mais ils sont de courte durée… et ce que vous cherchez à atteindre, c'est un bonheur toujours présent, à portée de main, inconditionnel, qui ne vous demande pas forcément un portefeuille bien garni.

Il ne s'agit pas de cesser de consommer du jour au lendemain ou de s'imposer de trop sévères restrictions : vous exercez votre liberté et un sain égoïsme en dépensant votre argent.
Mais consommer de façon plus consciente, en fonction de ses besoins réels permet de s'ancrer dans le présent et de se débarrasser du superflu.
Ce qui suppose déjà de bien connaître vos besoins !

ESSAYEZ ÇA

Notez ici quels sont les biens que vous préférez acheter. S'agit-il de vêtements ? De livres ? D'objets de décoration ? De cosmétiques ?
Pour chaque catégorie, notez votre dernier achat.
Quelle satisfaction cela vous a-t-il apporté sur le moment ? Et maintenant ? Vous en servez-vous ? À quelle fréquence ?

J'adore acheter...	Mon dernier achat dans cette catégorie	Ma satisfaction au moment de l'achat (note sur 10)	Ma satisfaction aujourd'hui (note sur 10)	À quelle fréquence est-ce que je m'en sers ?

En étudiant vos réponses, vous aurez déjà une idée de l'utilité de certains de vos biens et des bénéfices réels de l'acte d'acheter sur votre moral.
Et n'oubliez pas : tout ce qui est inutile vous encombre, vous pèse, vous empêche de respirer !

Matériel versus expérience

Depuis quelques années, j'essaie d'offrir plus de cadeaux « immatériels », qui permettent de vivre une expérience : voyage, restaurant, massage, concert, cours… et ce sont aussi les cadeaux que je préfère recevoir. Il me semble que ce type de cadeau a plus de sens (et pas forcément plus de valeur marchande, voire moins que certains gadgets en vogue) et que ses bénéfices perdurent au-delà de l'acte d'offrir. Mieux : cela évite à tout le monde de se retrouver avec un nouvel objet, plus ou moins volumineux, auquel il va falloir trouver une place et dont on ne se servira peut-être jamais… sans compter le risque de tomber à côté de la plaque. Nourrir la mémoire, le corps, la réflexion, le lien aux autres, donne à terme plus de satisfaction que des objets ou des accessoires qui finissent le plus souvent par nous encombrer.

Choisir ce qui rentre dans votre vie… et décider de ce qui doit en sortir

Cela ne fait aucun doute : vous avez choisi vos amis avec soin, pour leurs qualités, pour vos complémentarités, parce que la vie est plus douce en leur compagnie, parce qu'ils font un délicieux risotto, parce que vous savez que vous pouvez compter sur eux et vice versa.
Pourquoi ne pas faire de même avec vos objets ?

Moins mais mieux, la méthode Loreau

Dominique Loreau est un vrai gourou (ou plutôt une gouroute) de l'art de la simplicité et de la vie sobre. Adepte du zen, elle vit au Japon depuis des dizaines d'années et ne cesse de distiller de précieux conseils aux Occidentaux pour vivre avec moins d'objets dans leur vie, ce qui est – d'après elle – source d'une plus grande liberté, d'un regain d'énergie et de multiples économies. Une sagesse en apparence toute bête, mais que nous avons le plus grand mal à appliquer en réalité ! Quand je vois que ma mère transporte depuis des années un sac à main qui pèse au bas mot 4 kilos pour aller faire la moindre course, je trouve la méthode Loreau très sensée. Mais on ne sait jamais, si elle avait besoin d'une lampe torche sur le chemin du marché ? Ce qui me mène à cette réflexion hautement philosophique : nous croyons posséder les objets, quand ce sont les objets qui nous emprisonnent…

ESSAYEZ ÇA

Le trop est l'ennemi du bien

À l'image de l'Américain Dave Bruno, qui s'est lancé le défi de vivre avec cent objets, quels sont les cent objets dont vous ne pourriez absolument pas vous passer ?
À noter, Dave exclut les livres, les collections, les outils, les objets et les produits partagés avec d'autres membres de la maisonnée et considère l'ensemble de ses caleçons et de ses chaussettes comme un seul et même objet.

Notez ici votre liste :

1 ....
2 ....
3 ....
4 ....
5 ....
6 ....
7 ....
8 ....
9 ....
10 ....
11 ....
12 ....
13 ....
14 ....
15 ....
16 ....
17 ....
18 ....
19 ....
20 ....

Etc.

Il me les faut ces shoes, elles sont chanmé.

Jessica, Secret Story 8

Coloriage

Coloriez cette phrase, c'est votre nouveau mantra !

L'ESSENTIEL
EST SANS CESSE
MENACÉ PAR
L'INSIGNIFIANT.

René Char

Combien j'en ai ?

Cet inventaire vous permettra de constater de façon objective l'étendue de vos possessions. Si elles ne sont pas bien rangées, il y a fort à parier que vous en ayez oublié la moitié au fond d'un placard. Soyez donc rigoureux) et honnête. Vous servez-vous de tous ces articles ? En avez-vous trop, le juste nombre, pas assez ?
Souvent, le cumul trahit une peur du manque (savamment entretenue par la société de consommation). Et dans peur du manque, il y a peur. Et comment vivre heureux si on vit dans la peur ? Vous avez 3 heures.

À noter, dès lors que vous ne vous servez jamais d'un article, il est forcément de trop…
À noter aussi, en matière de biens matériels « au cas où » est synonyme de « jamais ».

Adaptez ce tableau à vos propres biens, en ajoutant les articles qui vous concernent et les catégories nécessaires.
Variante : vous pouvez écrire dans ce tableau combien vous pensez avoir de ces objets, puis comparer avec la réalité !

Vaisselle						
	Bols	Couverts	Plats	Casseroles	Coquetiers	Robots
Trop/Bien/Pas assez ?						
Linge de maison						
	Draps-housses	Taies d'oreiller	Nappes	Draps	Housses de couette	Couettes
Trop/Bien/Pas assez ?						
Vêtements						
	Sous-vêtements	Hauts	Bas	Chaussettes	Tenues d'intérieur	Tenues de sport
Trop/Bien/Pas assez ?						
Cosmétiques						
	Gels douche	Shampoings	Crèmes visage	Crèmes corps	Maquillage	Parfums
Trop/Bien/Pas assez ?						

Le nettoyage par le vide : la méthode KonMari

Marie Kondo, c'est la rencontre improbable entre une poupée kawai[1*] et une gouvernante autoritaire. Cette trentenaire japonaise fait un tabac avec « La magie du rangement », un livre bourré de conseils (ou plutôt d'ordres imparables intimés d'une voix douce) qui s'arrache dans le monde entier. KonMari (c'est son surnom, bien qu'elle soit tout sauf Kon) a fait un constat très simple : personne n'a appris à ranger, tout le monde fait de son mieux, mais tout le monde finit épuisé de ranger, reranger et ranger encore – sans compter ceux qui n'essaient même pas. Sa solution est redoutablement simple et efficace : il ne faut pas ranger, il faut faire le vide, c'est-à-dire jeter un maximum d'effets personnels pour ne garder que ce qui vous met en joie.

Objets inanimés, avez-vous donc une âme ?

Marie Kondo est une adepte de Lamartine, une véritable poétesse animiste animée des meilleures intentions. Car si elle jette les objets, c'est toujours pour leur bien et pour le bien de leurs (ex)propriétaires. Parler à ses chaussettes ? Oui, dit KonMari, c'est un bon moyen de savoir si on veut les garder ou non. Dire merci à ses casseroles ? Pourquoi pas : cela nous permet d'apprécier à leur juste valeur les objets de notre quotidien. Plus nous en avons, plus nous les déprécions, et finalement moins nous les aimons. Or, vivre dans un environnement composé d'objets que nous n'aimons pas (ou plus), ça ne semble pas une excellente idée… La lecture du livre de Marie Kondo provoquera peut-être quelques haussements d'épaules, mais à la fin, vous serez bien obligé de constater qu'elle a raison sur toute la ligne et qu'il ne vous reste plus qu'à balancer 80 % de vos affaires pour retrouver un semblant de sérénité.

1 * trop mignonne

Visualiser une vie désencombrée

Dans un moment de calme, fermez les yeux, et imaginez votre intérieur idéal. Visualisez-vous en train d'y cuisiner, d'y recevoir des amis, de vous y prélasser…

Ensuite, décrivez-le ci-dessous, puis composez un tableau d'inspiration (ou un « mood board », ça fait plus chic) en collant des images de magazine dans un cahier si vous êtes du genre nostalgique, ou en collectant des images sur Pinterest.

Les couleurs de mon intérieur rêvé :

....

....

Les objets de décoration mis en valeur dans mon intérieur rêvé :

....

....

Les matières privilégiées dans mon intérieur rêvé :

....

....

Le style de mon intérieur rêvé :

....

....

Les formes/le design dans mon intérieur rêvé :

....

....

La poubelle est le meilleur des accessoires de rangement

Frédéric Dard, Konmariste avant l'heure.

Que faire avec ce que j'ai trié ?

Recycler

Si vous avez l'âme d'un bricoleur et beaucoup d'imagination, vous pouvez transformer les rebuts en nouveaux objets. Attention cependant, tous les recyclages ne sont pas heureux, et vous risquez de vous retrouver avec le même problème qu'au début, à savoir vivre dans un bouge infâme, plein d'objets inutiles. Non, cette bouteille de whisky ne fera pas un chandelier du meilleur goût, et cette coquille Saint-Jacques ne se transformera pas en cendrier raffiné.

Donner

Une solution parfaite puisque vous vous débarrassez en faisant un (ou des) heureux. Là aussi, prudence, il ne s'agit pas de donner n'importe quoi, mais seulement des objets en bon état. Publier sur Facebook « Qui a besoin d'une guirlande lumineuse/d'un robot mixeur/d'une paire de bottes taille 45 » peut être un moyen très efficace de faire coïncider l'offre et la demande. Via Facebook, toujours, vous pouvez créer un groupe (secret) avec les photos des objets que vous donnez.

Troquer

Nombreux sont les avantages d'une soirée troc : outre la possibilité de fourguer les effets dont vous n'avez plus l'usage et d'en récupérer de nouveaux sans débourser un sou, c'est un moment drôle et convivial. À titre personnel, je pratique le troc de fringues depuis des années et suis toujours ravie de voir un vêtement qui ne m'allait pas (ou plus) magnifié par une de mes amies, tandis que je récupère des chaussures que je n'aurais jamais osé acheter.

Revendre

Nombreux sont les sites qui vous permettent de revendre vos objets. Mieux vaut miser sur le vintage, ou l'électroménager en très bon état. Les vêtements, CD, livres, accessoires sont bien plus difficiles à vendre, ou alors à très bas prix ; ce n'est pas rentable vu le temps investi pour faire des photos et publier des annonces. Si vous avez des meubles anciens ou design, des tableaux signés, de l'argenterie, des instruments de musique ou des curiosités, pensez aussi aux ventes aux enchères.

Jeter

La meilleure solution, pour tout ce qui ne peut se vendre, se donner, se recycler ou se troquer ! D'après KonMari, la spécialiste du nettoyage par le vide, c'est même la meilleure solution, celle qui vous permettra de gambader dans les rues en chantant « Libérééééééé, délivréééééééééé » !

Je ne suis capable de fantaisie que dans l'ordre.

Colette, qui rangeait sa chambre

Bienfaits et pièges de la dématérialisation

Faire le vide grâce à la technologie

Les ordinateurs, les téléphones et le *cloud* sont de formidables outils de désencombrement. Plus besoin d'une foule d'objets, puisque vous pouvez y stocker :

- Photos
- Musique
- Films
- Papiers administratifs
- Listes
- Contacts
- Agenda
- Etc.

Outre les mille applications que vous pouvez installer, votre téléphone portable peut vous servir de :

- Dictaphone
- Chronomètre
- Montre
- Alarme
- Appareil photo
- Carnet de notes
- Caméra
- Calculatrice
- Etc.

BON PLAN

Pensez à trier et jeter régulièrement le contenu de vos tablettes, téléphones et ordinateurs, vous les aiderez à fonctionner plus rapidement et préserverez leur batterie.
N'oubliez pas que les sauvegardes régulières sont indispensables pour garder votre tranquillité d'esprit, car ces objets contiennent à peu près toute notre vie…

Désencombrer sa vie virtuelle

Oui, la technologie est un formidable outil de désencombrement. Mais paradoxalement, une pollution d'un genre nouveau a envahi nos vies ces dernières années : les spams, les mails à tout bout de champ, les sollicitations via Linkedin, Viadeo, Facebook, Twitter et j'en passe.
Bien qu'il s'agisse d'un espace virtuel, il est indispensable d'y voir clair et de ne pas vous laisser submerger par ces *stimuli* souvent inutiles et sources de stress. Un jour, je me suis imaginée en train d'aller relever ma boîte aux lettres (la vraie) aussi souvent que je rafraîchissais mes mails…
Insidieusement, toutes ces sollicitations encombrent votre espace mental et vous empêchent de vous concentrer sur ce qui est important pour vous, sur ce qui vous rend heureux.

Test

Voici de quoi faire le point sur votre addiction à la technologie :

1. Je me désabonne des newsletters qui ne me servent plus à rien.

☐ Oui
☐ Non
☐ Parfois

2. Je fais régulièrement le tri dans mes contacts et intérêts sur Facebook.

☐ Oui
☐ Non
☐ Parfois

3. Je désactive les notifications automatiques sur mon téléphone mobile.

☐ Oui
☐ Non
☐ Parfois

4. J'évite la consultation de mes mails professionnels le soir et le week-end.

☐ Oui
☐ Non
☐ Parfois

5. J'évite de consulter mes mails professionnels sur mon téléphone personnel.

☐ Oui
☐ Non
☐ Parfois

6. J'opte pour « celui qui regarde son portable paye l'addition » quand je suis au café ou au restaurant.

☐ Oui
☐ Non
☐ Parfois

7. Je laisse mon portable à la maison de temps en temps.

☐ Oui
☐ Non
☐ Parfois

8. J'éteins mon portable la nuit.

☐ Oui
☐ Non
☐ Parfois

Résultats

Un maximum de Oui = vous êtes déjà incollable sur les techniques de désencombrement, et vous appliquez une discipline de fer pour préserver votre temps et votre intimité. Vous savez repérer les sources de stress inutiles et les neutraliser. Bravo ! Veillez simplement à ne pas juger trop durement votre entourage : votre exemple devrait finir par être contagieux !

Un maximum de Non = vous êtes un brin accro aux nouvelles technologies et la sociabilité excessive qui va avec vous rassure énormément. Vous vous sentez occupé(e), sollicité(e), indispensable… Il est temps de vous désintoxiquer : commencez par de petits exercices, avec des objectifs raisonnables, pur vous déshabituer peu à peu, et n'oubliez pas d'observer les effets positifs de chaque changement opéré.

Un maximum de Parfois = vous savez vivre avec votre époque mais vous gardez une saine distance avec votre vie virtuelle. Pour vous, le plus important se passe dans la vraie vie, et vous avez bien raison !

La cure de minimalisme

Il paraît que le cerveau a besoin de 21 jours pour adopter une nouvelle habitude… Profitez de quelques jours de vacances pour vous entraîner !

Jour 1
Déconnectez-vous complètement.

Jour 2
Méditez pendant 15 minutes.

Jour 3
Ne vous plaignez pas de la journée.

Jour 4
Passez la journée entièrement seul.

Jour 5
Débarrassez votre salle de bains des produits dont vous ne vous servez pas.

Jour 6
Ne consultez ni vos mails ni les réseaux sociaux jusqu'à l'heure du déjeuner (et oui, Youtube en fait partie).

Jour 7
N'achetez rien pendant 24 heures.

Jour 8
Faites une seule chose à la fois.

Jour 9
Sortez sans maquillage pour les femmes / sans gel dans les cheveux ou autre artifice pour les hommes.

Jour 10
« Unfollowez » et « unfriendez » à gogo !

Jour 11
Allez marcher pendant 1 heure 30, et ne faites rien d'autre pendant que vous marchez.

Jour 12
Évaluez l'intérêt de vos cinq derniers achats.

Jour 13
Identifiez tout ce qui vous stresse au cours de la journée.

Jour 14
Pas d'écrans de la journée.

Jour 15
Écrivez ce qui vous passe par la tête pendant 20 minutes.

Jour 16
Parlez le moins possible.

Jour 17
Repérez et rangez les espaces encombrés dans votre appartement ou au bureau.

Jour 18
Annulez deux rendez-vous la semaine prochaine, sans raison et sans vous justifier.

Jour 19
Ne likez rien sur Facebook.

Jour 20
Classez, remplissez et envoyez tous les papiers en souffrance.

Jour 21
Supprimez les contacts inutiles dans votre répertoire.

La perfection est atteinte, non pas quand il n'y a plus rien à ajouter, mais quand il n'y a plus rien à enlever.

Antoine de Saint-Exupéry, merveilleux minimaliste

ESSAYEZ ÇA

Si vous avez besoin d'un long moment pour vous concentrer sur une tâche importante au travail et que vous partagez votre agenda avec vos collaborateurs, inventez-vous une réunion de deux heures, sobrement intitulée « Réunion ». Personne ne songera à vous solliciter ou à vous déranger pendant ce laps de temps. Attention, ça marche moins bien si vous travaillez en *open space*…

Quelques avantages du désencombrement

C'est : **propre** **solidaire** **écolo** **économique** (en temps, en espace, en énergie, en argent) **reposant** **plus confortable** et enfin **le désencombrement** permet de vivre ancré dans le présent et tourné vers l'avenir

N'ayez rien dans vos maisons que vous ne savez utile ou croyez magnifique.

William Morris

Sixième partie

J'apprends à lâcher prise

Dans cette partie :

- Revenir au calme
- Mieux respirer
- La méditation
- Pratiquer l'attention au quotidien

Pas si mal l'instant présent

Beaucoup d'entre nous pensent que tenir le coup nous rend plus fort ; mais parfois, c'est le fait de lâcher prise.

Hermann Hesse

Notre société nous offre une foule de divertissements, d'occupations et d'informations qui provoquent autant de tracas, d'angoisses et de tensions intérieures. Comment, dans ces conditions, atteindre le bonheur ? Peut-être en abandonnant l'illusion du contrôle et en se concentrant sur notre vie intérieure, où l'on peut puiser à tout moment le calme et la confiance avec lesquels nous sommes venus au monde !

Revenir au calme

J'ai souvenir d'une leçon de bonheur très « zen », lors d'un voyage à Tanger. On m'avait parlé des mains magiques de Khadija, 74 ans, experte du massage shiatsu, qu'elle avait appris à Amsterdam et à New York, parallèlement à une carrière au cinéma, à la grande époque des hippies. Installée sur sa table de massage, dans son salon, tandis qu'un feu crépitait dans l'âtre – il fait froid, l'hiver, à Tanger –, je la laissais dénouer mon dos pendant de longues minutes, par de lentes pressions des paumes. Le temps semblait s'étirer indéfiniment, et je ne savais plus si c'était le jour ou la nuit. En face de moi, un portrait de Khadija quand elle était jeune, majestueuse, avec déjà cette bonté dans le regard. Ses gestes étaient sûrs, et la détente, profonde. Je flottais, et de temps en temps, je l'entendais parler, d'une voix jeune et chantante. Avant de me quitter, je me rappelle l'avoir entendue dire « mais pourquoi on se stresse comme ça, franchement ? », dans un grand sourire. C'était un de ces moments parfaits, harmonieux, où l'on sent que chaque chose est à sa juste place. J'ai compris plusieurs choses à ce moment- là.

Tant que l'homme sera mortel, il ne sera jamais décontracté.

Woody Allen

Nous sommes responsables de notre calme intérieur

« Pourquoi on se stresse comme ça » ? À cause de notre ego, pardi ! L'ego, c'est ce « moi » qu'on s'est fabriqué depuis l'enfance, depuis que nous avons conscience d'être un individu différencié de ce qui l'entoure et capable de penser par lui-même. Le moi s'inquiète, le moi est insatisfait par nature. Il réclame, il planifie, il proteste, il se définit contre les autres, il se bat contre lui-même. À toute cette agitation, le lâcher prise oppose l'abandon, pour retrouver le calme intérieur. Pour Khadija, cette agitation était incompréhensible et vaine : voilà longtemps qu'elle ne se souciait plus de l'ego. Et c'est sans doute grâce à cette aptitude – naturelle, mais cultivée tout au long de sa vie – qu'elle était si douée pour ramener les autres à l'essentiel, par ses gestes et par sa présence même.

Notre corps est notre bien le plus précieux

La science nous offre l'illusion de tout savoir de notre corps. Nous vivons plus vieux et en meilleure santé ; les bébés peuvent se fabriquer dans des éprouvettes ; chaque jour, de nouvelles découvertes pénètrent plus avant les mystères du cerveau et des cellules humaines. Pourtant, les moments où nous habitons véritablement notre corps ne sont pas si nombreux. Prenez-vous le temps d'écouter vos sensations physiques plusieurs fois dans la journée, en dehors de sensations si vives que vous ne pourriez les ignorer (douleur, plaisir, faim, froid…) ? Combien de fois vous retrouvez-vous recroquevillé devant votre ordinateur, les jambes croisées, le souffle court, totalement concentré sur votre tâche au point que vous avez oublié votre corps, vos ressentis, tout ce qui se passe ailleurs que dans votre intellect ?

Ce qui te manque, cherche-le dans ce que tu as.

Proverbe zen

Cette capacité à s'identifier à son corps, à se sentir vivant, à chérir ce qu'il nous permet de ressentir à chaque instant, est une merveille de la nature dont ne nous jouissons pas assez. Khadija me rappelait cela aussi, par ses gestes bienfaisants et par sa phrase si naïve en apparence : il n'y a aucune raison de stresser, tu as un corps qui fonctionne, et si tu le stresses, tu l'empêches de s'épanouir et tu t'inventes de faux problèmes.
Tandis que nous croyons contrôler notre vie, que nous tentons de le faire, le corps lui, s'exprime, vit, continue de se transformer malgré nous d'instant en instant.

Le bonheur est une petite chose que l'on grignote, assis par terre, au soleil.

Jean Giraudoux

Ce qui est important est déjà là

Lorsque nous vivons des moments « parfaits », comme cet instant de complicité avec Khadija que je viens de vous raconter, c'est comme si tout était aligné, rassemblé au même instant : notre conscience, nos sensations, le contexte, les personnes en présence, la nature. On n'est pas loin du « flow » décrit par le psychologue du bonheur, Mihaly Csikszentmihalyi (voir le chapitre 1).

Si cet « alignement parfait » se produit à un moment de détente, ce n'est pas par hasard : c'est au moment où je ne cherche rien, où je suis disponible à ce qui est, que la joie survient. Cette disponibilité ressemble un peu à un muscle : nous pouvons la travailler au quotidien, par certains exercices, de sorte que le lâcher prise prend peu à peu le pas sur l'agitation mentale. Méditation, sophrologie, yoga, marche, jardinage, peinture : nombreuses sont les pratiques qui mènent à une plus grande conscience de soi et à un mental moins nébuleux. L'essentiel est d'en choisir une qui vous corresponde et qui soit facile d'accès. Vous découvrirez alors que le calme intérieur est toujours présent, comme caché par le bruit ambiant et intérieur : il ne s'agit pas de le trouver, mais de le remettre au premier plan.

Une journée, une vie.

Proverbe zen

Vivre l'instant présent

Voilà une jolie formule, d'une simplicité désarmante. Mais c'est plus facile à dire qu'à faire ! Là encore, il s'agit pourtant de simplifier notre façon de vivre et non d'y ajouter des préceptes ou des actions. La philosophie zen ne dit pas autre chose : lorsque vous écrivez, écrivez. Lorsque vous mangez, mangez. Lorsque vous écoutez, écoutez. La plupart du temps, nous sommes incapables de faire une seule chose à la fois ! Quand vous êtes captivé par un chant ou par la beauté d'un paysage, vous n'avez pas besoin de penser à vivre au présent : la qualité de l'instant fait taire votre agitation intérieure, et tout semble suspendu. Pour vivre l'instant présent, il faudrait donc vivre les événements les plus banals de la vie de cette même façon : avec attention, avec concentration, avec tous nos sens, en faisant corps avec l'environnement. Cette capacité à vivre l'instant présent a cela de merveilleux qu'elle redonne ses lettres de noblesse au quotidien, aux petites choses, aux habitudes et à la beauté de ce qui n'est pas immédiatement visible ou perceptible. Du coup, l'insatisfaction disparaît : chaque instant vaut d'être vécu, même ces longues minutes où je fais la queue à la Poste !

Quel que soit ce que le moment présent contient, acceptez-le comme si vous l'aviez choisi.

Eckhart Tolle

Mieux respirer

Chaque minute, nous inspirons et expirons mécaniquement 12 à 20 fois, sans en être conscients, pour apporter de l'oxygène à notre organisme en quantité suffisante.
En décidant de respirer plus souvent de façon consciente – j'allais dire confiante –, on se sent en harmonie avec son corps tout entier. C'est pourquoi nombre de pratiques de relaxation et de méditation insistent sur l'importance de la respiration. Quand vous respirez en pleine conscience, votre plexus solaire se redresse automatiquement, et vous commencez rapidement à bâiller, car votre corps se détend, et votre esprit avec lui. Vous êtes prêt à accueillir ce qui se présente.

J'inspire et je suis conscient de tout mon corps. J'expire et je suis conscient de tout mon corps.

Sutra de la pleine conscience

5 minutes de cohérence cardiaque

Cet exercice de respiration rythmée régule le système nerveux, et « aligne » les battements de votre cœur au rythme de votre respiration. Au lieu de 12 à 20 cycles par minute, vous passez ainsi à 6, pour atteindre un état de détente profond.

Pour vous aider à pratiquer, il existe des applications et des vidéos. Mais en réalité, vous n'avez pas besoin de tout cela. Il vous faut seulement **5 minutes** de temps libre trois fois par jour, même si vous n'êtes pas dans un environnement calme !

- Debout ou assis, vous êtes dans une position confortable.
- Inspirez par le nez pendant 5 secondes, expirez par le nez pendant les 5 suivantes (en comptant dans votre tête).

Pour vous détendre encore plus, vous pouvez aussi visualiser un air coloré, ou imaginer que vous expulsez tous vos soucis à chaque expiration.
Quand vous maîtriserez cette technique, après deux semaines environ, vous serez capable de vous calmer presque instantanément en cas de coup de stress ! À essayer aussi pour vous aider à vous endormir.

Notez ici vos ressentis après cet exercice :

L'air de Paris est si mauvais que je le fais toujours bouillir avant de le respirer.

Erik Satie

ESSAYEZ ÇA

La relaxation musculaire progressive

Voilà un exercice classique et efficace, très facile à pratiquer.
Vous pouvez vous couvrir un peu, car le corps a tendance à se refroidir au cours de la relaxation.

Allongé par terre, les bras légèrement écartés du corps, les jambes ouvertes à la largeur des hanches, les pieds « ouverts », votre posture est totalement détendue. Vous fermez les yeux. Pendant tout l'exercice, vous respirez profondément, par le ventre (voir la quatrième partie)

Commencez par quelques respirations profondes. Profitez-en pour ressentir attentivement le poids de vos membres sur le sol, chacune de vos sensations. Comment vous sentez-vous à cet instant précis ?

Quand vous vous sentez suffisamment détendu, contractez progressivement votre pied droit sur 10 temps. Puis détendez-le sur 10 temps. Observez les sensations dans votre pied droit après cet exercice. Passez ensuite au pied gauche.

Il s'agit ensuite de procéder de même avec les mollets, les cuisses, les fesses, les muscles du ventre, du dos, les bras, le cou (menton rentré dans le cou), les épaules (épaules remontées vers la tête) et les muscles faciaux.

À la fin de l'exercice, réexaminez tranquillement vos sensations. Sont-elles différentes à présent ?

Notez ici vos ressentis après cet exercice :

....

....

....

....

....

....

....

Parfois la chose la plus importante de votre journée est le repos que vous prenez entre deux respirations profondes.

Etty Hillesum

La méditation

L'art millénaire de la méditation, issu de la philosophie bouddhiste, est d'abord l'art de calmer notre désordre intérieur par la capacité à s'en détacher, à l'observer sans jugement ; c'est une force intarissable et toujours disponible qui guide l'action et permet d'accepter la vie telle qu'elle se présente. Cette façon de se recentrer, si solitaire qu'elle puisse paraître, est aussi – paradoxalement – une façon de se relier : aux autres, à la nature, à notre propre créativité. Très accessible, la méditation ne demande pas de qualités particulières, pas de matériel sophistiqué : juste un peu de temps et beaucoup de persévérance.
Commençons par tordre le cou à quelques idées reçues !

Ce n'est pas un exercice de réflexion

Votre bac +4 ne vous aidera pas à « mieux » méditer, pas plus que votre victoire à « Questions pour un champion ». L'intellect et les connaissances sont même priés de rester sur le palier du dojo[2]. En revanche, plus vous habitez votre corps au quotidien, plus vous êtes attentif à vos sensations et à vos intuitions, plus il vous sera facile de rentrer dans la pratique de la méditation.

Plus on a médité, plus on est en état d'affirmer qu'on ne sait rien.

Voltaire

Ce n'est pas une technique de relaxation

Si vous confondez la méditation avec le premier exercice de relaxation venu ou avec un soin au spa (- 30 % sur le gommage), vous risquez de vexer bon nombre de pratiquants. Dans le cadre de la méditation, ce n'est pas le calme que l'on cherche à atteindre (si tant est que l'on cherche à atteindre quoi que ce soit), mais plutôt un état de clarté, de conscience supérieure, qui permet de regarder ses émotions et ses pensées, de leur offrir un espace plutôt que de les réprimer ou de ne pas les voir du tout. Avec la méditation, vous vous autorisez un recul sur votre ego, celui qui vous fait agir à tort et à travers, pour trouver la voie d'une action plus juste, plus cohérente, plus économe en énergie.

Un bon éditeur, c'est un éditeur qui médite.

Philippe Geluck

2 Le dojo est cette grande pièce vide aux proportions harmonieuses qui sert à méditer ou à faire du judo, parfois remplacée dans nos contrées par une salle des fêtes éclairée au néon, pourvue d'un praticable fatigué. Il s'en dégage parfois une subtile odeur de chaussettes.

Ce n'est pas possible d'arrêter de penser

Le seul fait de se dire « j'arrête de penser » déclenche instantanément une foule de pensées parasites… Essayez ! Notre cerveau est un petit fourbe que nous contrôlons peu. Rassurez-vous, la méditation ne sert absolument pas à arrêter de penser, mais plutôt à se regarder penser.
Comme le souligne très subtilement le psychiatre Christophe André, « La méditation n'est pas une absence de pensées, mais une absence d'engagement dans les pensées. »

Ce n'est pas un truc d'illuminés

À l'origine de la méditation, il y a certes le bouddhisme, qui renferme autant de sagesse que de spiritualité. Mais vous n'avez pas besoin de croire en quoi que ce soit ou d'employer un vocabulaire particulier pour accéder aux bienfaits de la méditation. Que vous soyez athée ou adepte de telle ou telle religion, rien ne vous empêche de pratiquer la méditation. Universelle et accessible, cette pratique connaît même un énorme regain d'intérêt et s'immisce jusque dans les bureaux ; notre société de plus en plus saturée d'idées et d'objets, avide d'efficacité et ultra stressante se tourne vers une spiritualité bienveillante et adaptée au monde moderne.

Il n'est pas nécessaire de méditer au nom de Jésus, de Bouddha ou de qui que ce soit. Il suffit de méditer, tout simplement. Méditer.

Yehudi Menuhin, violoniste éclairé

À RETENIR

La méditation ou « zazen » est à la portée de tous, elle consiste à s'entraîner le plus régulièrement possible à observer ses pensées et ses émotions sans les juger, dans le silence et l'immobilité, afin de cultiver son attention et d'élargir sa conscience.

ESSAYEZ ÇA

Méditer avec une bougie pour rompre avec l'agitation

S'il a fallu 49 jours et 49 nuits d'affilée à Bouddha, sous un arbre, avant d'atteindre le Nirvana (l'illumination), vous pouvez commencer par ces petits exercices de quelques minutes.

Pour cet exercice d'observation intense, il vous faut une bougie allumée, à hauteur de votre regard (si possible pas parfumée à la fraise, ça risque de vous déconcentrer).

Asseyez-vous par terre ou sur une chaise, le dos droit. Respirez profondément 3 ou 4 fois.

Commencez par observer la pointe de la flamme de la bougie pendant une minute sans cligner des yeux. Puis fermez les yeux pendant 1 minute en continuant à « voir » la flamme mentalement. Imaginez combien cette flamme dissipe vos idées parasites, vos soucis, votre agitation mentale. Quand vous ne « voyez » plus la flamme, rouvrez les yeux et fixez à nouveau la flamme réelle.

Reproduisez cet exercice 3 ou 4 fois.

Comment vous vous sentez après cette méditation.

....

....

Quels sont vos ressentis physiques ?

....

....

Quel est votre état d'esprit ?

....

....

Cette méditation a-t-elle été utile ? Selon vous, à quoi a-t-elle servi ?

....

....

Pratiquer l'attention au quotidien

Sans même parler de méditation, la condition d'une vie pleine, consciente, heureuse, passe d'abord par l'attention. Aujourd'hui, combien de sollicitations vous ont empêché d'être pleinement attentif à vous et à votre environnement ? Si vous vous laissez sans cesse déconcentrer par un bip, une notification, un appel, une vidéo, un texto, pas étonnant que vous ressentiez un malaise diffus et un sentiment de vide à la fin de la journée. Alors qu'une simple balade en forêt, au cours de laquelle vous ne faites rien d'autre que marcher, recharge vos batteries, comme par miracle.

Cette qualité d'attention peut se cultiver à chaque instant, mais cela demande un effort de conscience. Vous devez être capable de couper votre téléphone, de vous isoler, de vous dévouer à une seule tâche à la fois. C'est de plus en plus difficile… et de plus en plus nécessaire. Et même si vous avez le sentiment de développer des super pouvoirs puisque vous êtes désormais capable simultanément d'envoyer un texto en écoutant votre ami parler et en lançant une vidéo Youtube, ce n'est pas le cas : vous dispersez votre énergie, vous ne goûtez pas votre vie comme elle le mérite, vous risquez même de fragiliser le lien avec vous-même et avec les autres.

À RETENIR

Astuces pour rester « focus »

- Je coupe mon téléphone de temps en temps.
- Je le mets en mode « avion » quand je dois me concentrer.
- Je prends quelques respirations profondes si je sens que le stress me gagne (voir page 117).
- Je parle moins.
- Je ne fais rien du tout pendant 5 minutes.
- Je ne réponds pas sur le champ aux appels et aux messages.
- Je prends conscience de tout ce qui m'entoure à l'instant T.
- J'apprends aux autres à respecter mes besoins d'espace et de temps pour moi.
- Je me reconnecte à la nature aussi souvent que possible : il peut suffire d'observer l'arbre dans la cour pendant quelques minutes.

ESSAYEZ ÇA

Le yoga des yeux

La vue est une alliée précieuse dans la quête d'une attention plus fine et plus pleine à ce qui nous entoure. Or, nous malmenons nos yeux à longueur de journée avec les écrans de téléphone et d'ordinateur. Sollicités à outrance, privés de mouvement, ils fatiguent plus vite et peuvent causer maux de tête et tensions musculaires. En prenant soin de nos yeux, nous améliorons notre capacité d'attention et d'émerveillement, tout en favorisant la détente du corps tout entier.

Pour pratiquer ce petit exercice, vous avez besoin de 5 minutes, d'une chaise et d'une table.
Assis, les jambes légèrement écartées, vos coudes sont posés sur la table devant vous, et vous installez votre front sur vos paumes ouvertes. Vos yeux sont fermés, et le poids de votre tête exerce une légère pression sur leurs orbites.
Respirez profondément, afin de vous détendre au maximum.
Vous voyez sans doute se former des taches lumineuses ou colorées derrière vos paupières.
Imaginez à présent que vous êtes à la plage : votre regard se balade tranquillement sur le sable, puis sur les enfants qui jouent, tout près, puis sur le baigneur qui s'éloigne. Au loin, vous suivez du regard un paquebot. Puis vous apercevez un cerf-volant bariolé, haut dans le ciel, et observez sa danse.

Tandis que vous imaginez ces scènes, vos yeux bougent réellement, comme si tout cela se déroulait vraiment autour de vous. Les nerfs et les muscles de vos yeux retrouvent ainsi souplesse et mobilité, et votre vision de loin se voit améliorée, jour après jour.

Utiliser ses 5 sens pour mieux goûter le présent

Amplifier ses émotions à travers les sens est une façon simple – et souvent négligée - d'aiguiser sa conscience.
Une balade dans un parc peut être le point de départ d'un formidable voyage à travers vos sens… La clé pour réussir cet exercice, c'est d'être seul et sûr que votre téléphone ne vous importunera pas. Soyez prêt à dédier toute votre attention à l'expérience et essayez de répondre avec le plus de précision possible – dans votre tête, tout se passe en silence – aux questions posées.

La vue

Entrez dans le parc et choisissez un banc. Celui-là est à l'ombre, avec quelques rayons de soleil : parfait. Il ne faut pas que vous soyez aveuglé par la lumière. Installez-vous confortablement et prenez quelques longues respirations. Commencez à regarder votre environnement immédiat. Est-ce ce que cet endroit est familier ? Inconnu ? Quelles sont les couleurs du banc, des arbres devant vous, du manteau de la petite dame qui passe avec son chien ? Puis tournez doucement la tête. D'abord vers la droite, voyez jusqu'où porte votre regard et combien de détails vous parvenez à distinguer. Faites de même sur la gauche. Puis levez le nez vers le ciel : vous apercevez peut-être des branches, des nuages, des feuilles, un avion qui passe… Enfin, revenez sur terre. Il y a à vos pieds un petit monde ignoré : un ticket de métro, des fourmis qui passent à la file indienne, un caillou, une fissure… Songez maintenant aux sensations que vous ressentez en observant ce spectacle de tous les jours.

L'ouïe

Vous êtes toujours assis sur le banc. Fermez les yeux et concentrez-vous sur les sons que vous entendez. Sont-ils proches, lointains ? Agréables ? D'où viennent-ils ? Des enfants ? Des oiseaux ? D'un vélo qui passe ? Interrogez-vous à présent sur ce que ces sons font naître en vous. Un souvenir ? Une idée ? Un souci ? Une image ? Une autre sensation ?

Le goût

Dans votre sac, vous avez pris soin d'emporter une friandise, par exemple une barre chocolatée que vous aimez tout particulièrement, ou un fruit bien juteux. Dégustez-le le plus lentement possible et tentez d'observer avec soin toutes les sensations éprouvées. Est-ce croquant ? Juteux ? Sucré ? Quelle partie de votre langue, de votre palais, est en contact avec cet aliment ? Quel est le goût qui reste après la première bouchée ? À quoi pensez-vous pendant que vous dégustez ?

Le toucher

Il est temps de quitter le banc pour marcher dans les allées du parc. Ressentez le vent qui vous décoiffe légèrement ou frôle votre joue. Peut-être quelques gouttes de pluie tombent-elles sur votre tête ? Ressentez le sol sous vos pieds, à chaque pas. Observez quelle partie de votre pied est en contact avec le sol. Y a-t-il des feuilles qui craquent ? Des flaques ? Le sol est-il plat ? Approchez-vous ensuite des arbres, touchez le tronc, les branches, les feuilles, exercez différentes pressions et observez vos sensations. Vous pouvez toucher avec vos mains, effleurer votre visage avec la feuille ou prendre l'arbre dans vos bras l'espace d'un instant – à condition qu'il n'y ait personne alentour… Est-ce doux, rugueux ? Froid, chaud ? Agréable ? Que ressentez vous en activant votre toucher de la sorte ?

L'odorat

Cueillez une fleur, une feuille, ou un brin d'herbe. Respirez son parfum. Est-il subtil ou fort ? Agréable ou un peu nauséabond ? Était-ce le parfum auquel vous vous attendiez ? À quoi vous fait-il penser ?

Reportez ci-dessous votre ressenti après cette expérience polysensorielle. Quels ont été les sens les plus faciles à activer ? Ceux qui ont provoqué le plus d'émotions ? Avez-vous aimé cet exercice ? Pourquoi ? Avez-vous eu des surprises ? De nouvelles idées sont-elles nées ?

....

....

....

....

....

L'exercice de Kankyo, nonne bouddhiste de la tradition zen et blogueuse (www.dailyzen.fr)

Plutôt qu'un exercice, c'est à une expérience spirituelle que je souhaite vous convier. Quoi de plus attirant en effet que d'explorer les mystères de la conscience, et d'ouvrir les portes de la perception ! Surtout quand cette ouverture s'accompagne d'une libération intérieure.

Pour faire cette expérience, installez-vous assis, dans une posture plutôt énergique : dos droit, sommet de la tête qui pousse vers le Ciel et bas du corps solidement ancré dans la Terre. Il est préférable de vous asseoir sur le sol, avec un coussin sous les fesses, mais la chaise est ok si vous avez – encore;-) – des problèmes de souplesse… Posez vos yeux à quelques mètres de distance, entre-ouverts, paupières et muscles oculaires relâchés. Le regard est vague – ne fixe rien – mais vous avez conscience de la lumière qui traverse vos cils, tout comme de l'endroit où vous vous trouvez en ce moment.

Posez maintenant toute votre attention sur la respiration, sur la manière dont le corps, là, tout de suite, a choisi de respirer. Vous pouvez l'observer comme un scientifique observerait une petite fourmi, sans la déranger, sans intervenir dans son cheminement. Observez le rythme et le mouvement de la respiration. Qu'elle soit longue ou courte, haute ou basse, importe peu. Laissez agir, laissez être. Entrez en amitié avec ce qui est là, dans une sorte d'accueil inconditionnel.

Et dans cette observation vaste, à la frontière entre l'intérieur et l'extérieur, vous trouverez la source de l'absolue tranquillité.

Pour le lâcher prise, la relaxation ou la méditation, rien ne vaut la pratique, mais quelques lectures peuvent vous aider à comprendre la richesse et la beauté de la vie intérieure.

Septième partie

La partie des Dix

Dans cette partie :

- Dix « feel good » movies
- Dix livres pour être plus heureux
- Dix conférences TED pour mieux comprendre les mécanismes qui régissent notre capacité à être heureux
- Dix choses à faire pour être heureux tout de suite
- Dix questions à vous poser si vous vous sentez bloqué dans une situation négative
- Dix sons qui rendent heureux
- Dix vidéos réjouissantes
- Dix sites ou émissions pour approfondir vos notions de psychologie positive

J'ai au moins 10 BONNES RAISONS d'être heureuse !

Traditionnellement, chez « Les Nuls », nous vous proposons des ressources dans la dernière partie, sous forme de listes.
Voici donc des idées de lectures, de sites à consulter, de films… pour vous aider à progresser davantage vers votre quête du bonheur !

Dix « feel good » movies

Les films américains figurent en bonne place dans cette sélection : les plus grands théoriciens du bonheur viennent d'outre-Atlantique, alors pas étonnant que les films qui montrent la voie du bonheur soient souvent américains…

- ***Away we go***
Sam Mendes
Un couple de trentenaires désargentés s'apprête à devenir parent et s'interroge sur le lieu idéal pour s'installer. À travers un voyage initiatique à la rencontre de leurs amis dispersés aux quatre coins du pays, ils découvrent une vérité essentielle sur le bonheur…

- ***Whatever Works***
Woody Allen
Le titre résume à lui seul la philosophie du film : tout ce qui fonctionne – pour aller mieux – est bon à prendre. Le héros du film, Boris, est un sexagénaire misanthrope et dépressif qui décide de découvrir comment vivre plus heureux. Une réjouissante leçon de vie new-yorkaise sur un tempo enlevé !

- ***Mon voisin Totoro***
Hayao Miyazaki
Un peu de régression ne nuit pas, et renouer avec votre regard d'enfant de temps à autre est un excellent moyen de vous rappeler le pouvoir de l'imagination et la beauté de la nature…

- ***Les Demoiselles de Rochefort***
Jacques Demy
« Elle voulait de nous faire des érudites
Et pour cela vendit toute sa vie des frites »
Si vous êtes capable de regarder ce film sans sourire bêtement, chapeau… Les couleurs éclatantes, la musique, la bonne humeur des personnages et leur légèreté sont une façon imparable de vous remonter le moral !

- ***500 jours ensemble***
Marc Webb
Rien que pour la scène mythique dans un magasin Ikea, vous devez voir cette comédie romantique. Et puis la très fraîche Zooey Deschanel est un plaidoyer pour le bonheur à elle toute seule !

Frances Ha

Noah Baumbach

Frances rencontre une tonne de difficultés dans sa vie de jeune adulte new-yorkaise : les amis qui s'en vont, l'argent qui manque, le travail précaire… Pourtant, elle n'abandonne pas ses rêves, et continue de parcourir inlassablement la ville d'un pas léger, avec un regard amusé sur la vie et sur les choses. Une ode à l'amitié, à l'optimisme et à la joie de vivre !

Happiness therapy

David O. Russell

La naissance d'une histoire d'amour entre deux grands névrosés, sur fond de défi sportif et artistique… Une histoire qui donne la pêche, qui fait croire à l'optimisme forcené et à la beauté des rencontres.

Alexandre le Bienheureux

Yves Robert

Alexandre a choisi son camp : pêche, sieste et parties de foot valent mieux que travaux des champs. Accompagné de son chien fidèle, il promène sa jovialité et sa douce paresse à travers le village…

Réflexion iconoclaste sur le travail, conte pastoral, déclaration d'amour à la liberté, ce film de 1967 est un bijou !

Yes man

Peyton Reed

Le jour où Carl Allen découvre le « pouvoir de dire oui » lors d'une conférence en développement personnel, sa vie change du tout au tout ! Comédie échevelée qui caricature l'optimisme et ses dérives, *Yes man* est servi par un Jim Carrey au meilleur de sa forme.

La vie est belle

Franck Capra

Lorsque George perd une importante somme d'argent, il décide d'en finir. Mais c'est sans compter sur son ange gardien, Clarence, qui va lui démontrer par A + B qu'il a fait beaucoup de bien autour de lui… Un grand classique qui célèbre l'amitié, la solidarité et la bienveillance.

Ma liste de films heureux :

....

....

....

....

....

....

....

....

Dix livres pour être plus heureux

✔ ***La Liste de mes envies***
Grégoire Delacourt
Un roman plein de bon sens et de bienveillance, qui permet de comprendre que l'argent ne fait pas le bonheur.

✔ ***Ensemble, c'est tout***
Anna Gavalda
Comment la vie rapproche quelques âmes en peine pour les aider à se relever et à découvrir le pouvoir de l'amitié.

✔ ***Propos sur le bonheur***
Alain
Grand précurseur de la psychologie positive, le philosophe des années 1920 disait « Comme la fraise a goût de fraise, ainsi la vie a goût de bonheur. » Alain a connu les affres de la Première Guerre mondiale, pendant laquelle il a combattu ; mais toute sa vie, il a cherché à être le plus heureux possible.

✔ ***L'Apprentissage du bonheur***
Tal Ben Sahar
Psychologue et philosophe, professeur à Harvard, Tal Ben Sahar est un spécialiste de la psychologie positive et propose à travers ce livre des exemples concrets et une série d'exercices bien pensés. Ses élèves l'adorent, on comprend pourquoi.

✔ ***La Joie***
Charles Pépin
Le philosophe se mue ici en romancier pour raconter comment la joie s'invite dans nos vies, y compris dans l'adversité.

✔ ***N'arrêtez jamais de danser***
Gordon Livingston
Les précieuses leçons de sagesse d'un vétéran du Vietnam que la vie n'a pas épargné et qui sait si bien dédramatiser le quotidien…

✔ ***La Première Gorgée de bière et autres plaisirs minuscules***
Philippe Delerm
Un classique de l'hédonisme dans la littérature française !

✔ ***La Conjuration des imbéciles***
John Kennedy Toole
Avec un humour décapant, l'auteur dresse le portrait d'un jeune homme méprisant et hypocondriaque. Caustique mais terriblement drôle.

✔ ***Le Petit Prince***
Antoine de Saint-Exupéry
Cette leçon de confiance universelle n'est pas le conte pour enfants gentillet que vous croyez. À relire sans modération !

✔ ***Le Prophète***
Khalil Gibran
Le poète libanais livre ici de merveilleux textes pleins d'humanisme et d'espoir, dans un ouvrage universel qui chante l'amour de la vie et des autres.
« La tristesse est un mur élevé entre deux jardins »…

Ma liste de livres « porte-bonheur » :

....
....
....
....
....
....
....
....
....
....

Dix conférences TED pour mieux comprendre les mécanismes qui régissent notre capacité à être heureux

À retrouver sur le site Ted.com.
Les conférences TED (Technology, Entertainment and Design/Technologie, Divertissement et Design) ont été lancées en 1984 par une fondation américaine dans le but de propager en quelques minutes des « idées qui valent la peine d'être diffusées » (en anglais : « ideas worth spreading », qui est aussi le slogan des conférences). Aujourd'hui, ces conférences brillantes ont lieu deux fois par an. Elles rassemblent des experts du monde entier, et elles sont mises à la disposition du public sur le site Ted.com. À noter, toutes les conférences sont sous-titrées en français.

✔ **Votre langage corporel façonne qui vous êtes**
Amy Cuddy
Amy Cuddy vous livre ici une série d'astuces pour renforcer votre confiance en vous.

✔ **Musique classique et passion**
Benjamin Zander
Comment la beauté de l'art peut vous rendre heureux et décupler vos émotions.

✔ **Hackschooling ou l'école du bonheur**
Logan LaPlante
On n'apprend pas à être heureux aux enfants. Un ado explique que placer la créativité et l'imagination au centre de l'apprentissage de la vie serait sans doute moins rentable d'un point de vue économique, mais plus enrichissant pour une existence réussie.

✔ **Pourquoi sommes-nous heureux ?**
Dan Gilbert
Pour ce psychologue de Harvard, notre « système immunitaire psychologique » nous permet de nous sentir véritablement heureux même lorsque les choses ne se déroulent pas comme prévues.

✔ **Happiness by design**
Stefan Sagmeister
Designer de génie, Stefan Sagmeister raconte sa quête créative vers le bonheur.

✔ **Pour être heureux, soyez reconnaissant**
David Steindl Rast
Selon David Steindl Rast, moine de son état, la reconnaissance est la clé du bonheur : il nous explique pourquoi.

Les habitudes du bonheur
Mathieu Ricard
Ce biochimiste devenu moine bouddhiste nous explique comment entraîner nos esprits aux habitudes du bien-être, pour créer un sens véritable de sérénité et d'épanouissement.

Moins d'objets, plus de bonheur
Graham Hill
Quelques règles pour occuper moins d'espace et gagner en sérénité, par un écrivain et designer qui a bien étudié la question !

Le pouvoir caché du sourire
Ron Gutman
Sans le savoir, vous êtes capable d'activer un super pouvoir incroyable : votre sourire.

The beauty of friendship (la beauté de l'amitié)
Découvrez une playlist de vidéos autour de la notion d'amitié et de ce que nos compagnons d'aventure peuvent nous apporter au quotidien.

Ma liste de vidéos TED préférées :

....

....

....

....

....

....

....

....

....

....

Dix choses à faire pour être heureux tout de suite

- Écouter votre chanson préférée.
- Appeler un ami très cher à qui vous n'avez pas parlé depuis longtemps.
- Danser pendant 3 minutes.
- Aller acheter des fruits et des légumes de toutes les couleurs.
- Tester une nouvelle recette pour le dîner.
- Offrir un petit cadeau à quelqu'un.
- Laisser passer la personne qui attend derrière vous à la caisse.
- Arrêter tout pendant 5 minutes.
- Prendre 10 longues inspirations et expirations.
- Chercher votre livre préféré et lisez-en quelques pages.

Ma liste d'astuces perso pour être heureux tout de suite :

....

....

....

....

....

....

....

....

....

....

Dix questions à vous poser si vous vous sentez bloqué dans une situation négative

- Ai-je déjà surmonté une difficulté comparable ?
- Qu'est-ce que je peux faire tout de suite pour améliorer la situation ne serait-ce qu'un tout petit peu ?
- Qui peut me conseiller ?
- Qui peut m'épauler ?
- Suis-je obligé de gérer cette situation tout seul ?
- De quoi ai-je besoin pour m'en sortir ?
- Comment faire pour que cela ne se reproduise pas ?
- Est-ce que je peux en parler à quelqu'un ?
- Est-ce que ce que je pense de la situation est 100 % vrai ?
- Est-ce que je peux me projeter dans un avenir proche, quand cette situation sera réglée ? Comment me sentirai-je alors ?

Ma liste d'astuces perso quand je me sens coincé dans le négatif :

....
....
....
....
....
....
....
....
....
....

Dix sons qui rendent heureux

Voici quelques chansons ou morceaux classiques qui sauront réveiller en vous une petite flamme d'allégresse ! À écouter bien fort pour un maximum d'effet, seul ou en bonne compagnie.

- *Wouldn't it be nice*
The Beach Boys

- *Petite musique de nuit*
Mozart

- *Happy*
Pharell Williams

- *Stand on the world*
Keedz

- *La Truite*
Schubert

- *Don't worry, be happy*
Bobby Mc Ferrin

- *Walking on sunshine*
Katrina and the waves

- *I want you back*
The Jackson 5

- *Il jouait du piano debout*
France Gall

- *Siffler sur la colline*
Joe Dassin

Ma liste de chansons qui me donnent la pêche :

....

....

....

....

....

....

....

....

Dix vidéos réjouissantes

- Une expérience de fou rire contagieux dans le métro
www.youtube.com/watch?v=jfMRni4_Oqg

- Une mamie de 97 ans qui danse…
www.youtube.com/watch?v=2eKl9F6IOic

- Un flashmob musical magique
www.youtube.com/watch?v=G-JFs9ycHD4

- Le chien le plus heureux du monde
www.youtube.com/watch?v=aefzt7gRZNw

- Judy garland chante *Over the rainbow*
www.dailymotion.com/video/x1w6yi_judy-garland-over-the-rainbow_music

- L'actrice Greta Gerwig (alias Frances Ha) fait une démo de danse chez elle, puis dans la rue
www.vimeo.com/83441453

- Une petite perruche chante le thème de *Mon voisin Totoro*, accompagné au piano par son maître
www.youtube.com/watch?v=9xd4kniHJqw

- Une petite fille découvre la pluie
www.youtube.com/watch?v=PCRqNsRflHM

- Une jeune femme découvre l'océan
www.youtube.com/watch?v=CG55i0nL20Q

- Et des claquettes avec Fred Astaire et Ginger Rogers !
www.youtube.com/watch?v=MsS7B8nyw5Y

Mes vidéos bonne humeur préférées :

………………………………………………………………………………………

………………………………………………………………………………………

………………………………………………………………………………………

………………………………………………………………………………………

Dix sites ou émissions pour approfondir vos notions de psychologie positive

- L'excellente émission de M. Vidard sur France Inter

http://www.franceinter.fr/emission-la-tete-au-carre-la-psychologie-positive-pour-etre-heureux

- Les ressources sur le bonheur de l'université de Berkeley (attention site en anglais)

http://greatergood.berkeley.edu/topic/happiness

- Le cerveau heureux : comment l'imagerie cérébrale éclaire la science du bonheur

http://www.cerveauetpsycho.fr/ewb_pages/a/article-le-cerveau-heureux-31412.php

- Une émission scientifique de France Culture consacrée au bonheur

http://www.franceculture.fr/emission-science-publique-peut-on-apprendre-a-vivre-heureux-2014-02-07

- Le dossier Bonheur de *Psychologies magazine*

http://www.psychologies.com/Moi/Se-connaitre/Bonheur

- Le site de Florence Servan-Schreiber, la journaliste qui vulgarise la psychologie positive en France

http://www.florenceservanschreiber.com/

- Le bonheur est contagieux : c'est *Le Monde* qui le dit

http://www.lemonde.fr/societe/article/2008/12/05/le-bonheur-est-contagieux-selon-des-chercheurs-americains_1127201_3224.html

- Le bonheur est-il à vendre ? *Libération* se pose la question

http://www.liberation.fr/evenements-libe/2013/03/26/aujourd-hui-le-bonheur-est-a-vendre_891350

- Rendre les autres heureux pour trouver le bonheur, un article consacré à la générosité

http://www.huffingtonpost.fr/2014/04/16/bonheur-actions-concretes-altruistes-stanford_n_5158772.html

- Bonheur et psychanalyse, l'avis des pros

https://www.cairn.info/revue-psychanalyse-2004-1-page-85.htm

Mes liens instructifs sur la science du bonheur :

Happy books !

Sur le bonheur et la psychologie positive

BAREFOOT DOCTOR, *La Vie que je veux*, Marabout, 2009.
CSIKSZENTMIHALYI Mihaly, *Vivre – La psychologie du bonheur,* Pocket, 2010.
DOYLE GENTRY W. et THALMANN Yves-Alexandre, *Le Bonheur pour les nuls*, First Éditions, 2012.
LEIMON Averil, MC MAHON Gladeana et MILLÊTRE Béatrice, *La Psychologie positive pour les Nuls*, First Éditions, 2014.
LIVINGSTON Gordon, *N'arrêtez jamais de danser !* Marabout, 2012.
PALAZZOLO Jérôme et PINNA Christophe, *Coachez votre vie,* Odile Jacob, 2007.
SELIGMAN Martin, *S'épanouir,* Belfond, 2012.
TEYSSIER D'ORFEUIL Luc et MAGNE Jean-Pierre, *La Méthode Coué pour les Nuls*, First Éditions, 2013.

Sur la gratitude et la bienveillance

DESCHENE Lori, *Tiny Buddha*, Conari Press, 2011.
MANGOT Mickaël, *Heureux comme Crésus ? Leçons inattendues d'économie du bonheur*, Eyrolles, 2014.
PALAZZOLO Jérôme et PINNA Christophe, *Coachez votre vie*, Odile Jacob, 2007.
TISSERON Serge, *L'Empathie au cœur du jeu social*, Albin Michel, 2011.

Sur l'alimentation

DESMURGET Michel, *L'Antirégime*, Belin, 2015.
PAPILLON Fabrice et RAMBERT Héloïse, *Le Ventre, notre deuxième cerveau*, Tallandier, 2014.
THIRION Marie, *Pourquoi j'ai faim ?* Albin Michel, 2013.

Sur le sport

LAFAY Olivier, *Méthode de musculation : 110 exercices sans appareil*,

Amphora, 2004.
LAFAY Olivier, *Méthode de musculation au féminin : 80 exercices sans appareil*, Amphora, 2005.
MURAKAMI Haruki, *Autoportrait de l'auteur en coureur de fond*, 10/18, 2011.
STIMBRE José et MARAÏ Rachid, *Faites du sport au bureau*, ESF, 2012.

Sur le désencombrement

BRUNO Dave, *The 100 Thing Challenge : how I got rid of almost everything, remade my life and remade my soul*, William Morrow Paperbacks, 2010
KONDO Marie, *La Magie du rangement*, First Éditions, 2015.
LOREAU Dominique, *L'Infiniment peu*, J'ai lu, 2012.
LOREAU Dominique, *L'Art de la simplicité*, Marabout, 2007.
LE GUIFFANT Alice et PARÉ Laurence, *Petit cahier d'exercices pour se désencombrer de l'inutile*, Jouvence, 2009.
MEYER Barbara et NEVEUX Isabelle, *J'arrête d'être débordée !* Eyrolles, 2014.
SHANKLAND Rebecca, *La Psychologie positive*, Dunod, 2014.

Et aussi le site www.apartmenttherapy.com (attention, c'est en anglais) pour mille astuces de rangement et de désencombrement de votre *home sweet home*.

Sur le lâcher prise et la pleine conscience

ANDRÉ Christophe, *Méditer, jour après jour*, L'iconoclaste, 2011.
CASTERMANE Jacques, *Comment peut-on être zen ?* Marabout, 2013.
JOLLIEN Alexandre, *Petit traité de l'abandon*, Seuil, 2012.
KRISHNAMURTI Jiddu, *La Flamme de l'attention*, Points, 1987.
LENOIR Frédéric, *Petit traité de Vie intérieure*, Pocket, 2012.
TOLLE Eckhart, *Le Pouvoir du moment présent*, Ariane, 2000.

Remerciements

Un merci particulier à :

Sophie Rouanet pour sa confiance et son enthousiasme ;

Alban Orsini pour son œil averti ;

Isabelle Lorca pour son avis expert et sa participation au chapitre sur le lâcher prise ;
Marie Kondo pour l'espace retrouvé dans ma penderie ;

Gisèle Blanchard pour sa bienveillance et ses encouragements.

Lisa Marie et Mathou.

À propos de l'auteur

Outre sa passion pour les petits chiens, **Sonia Zannad** est la créatrice de colunching.com, un site de rencontres amicales et professionnelles qui permet à tout un chacun de sortir de la routine et de l'isolement. Parallèlement à ses activités de pigiste, de community manager, de traductrice et d'auteur, elle aide les autres - en tant que coach certifiée - à modeler leur vie selon leurs idéaux et à mobiliser leurs ressources dans la joie et la bonne humeur.

À propos de l'illustratrice

Mathou, née à Angers au début des années 80, est illustratrice et graphiste. Elle s'est fait connaître grâce à son blog « Crayon d'Humeur » (www.crayondhumeur.com) où elle publie depuis 2007 des dessins humoristiques pour voir la vie du bon côté et s'amuser de toutes les situations (même des rendez-vous chez le dentiste).